W0085531

Angela Eßer wurde in Krefeld geboren und studierte Theaterwissenschaft in München. Sie ist Herausgeberin von Krimi-Anthologien, Initiatorin von Bloody Cover, veranstaltet Krimi-Kochkurse, organisiert Krimifestivals und war langjährige Sprecherin des SYNDIKATs, der Autorenvereinigung deutschsprachiger Kriminalliteratur. Ihre *Menüthek Krimi* wurde 2016 mit dem Kochbuchpreis Prix Culinaire ausgezeichnet. www.angelaesser.de

Angela Eßer (Hrsg.)

Tatort Weinland Pfalz

17 Kriminalgeschichten

ars vivendi

Originalausgabe
Erste Auflage September 2017
© 2017 by ars vivendi verlag
GmbH & Co. KG, Bauhof 1,
90556 Cadolzburg
Alle Rechte vorbehalten
www.arsvivendi.com

Lektorat: Stephan Naguschewski
Umschlaggestaltung: FYFF, Nürnberg
Coverfoto: © kemai/photocase.de
Karte: © 2017 Zum Wohl. Die Pfalz,
Neustadt - das Portal für die Pfalz
Druck: CPI books GmbH, Leck
Gedruckt auf holzfreiem Werkdruckpapier
der Papierfabrik Arctic Paper

Printed in Germany

ISBN 978-3-86913-854-1

Tatort Weinland Pfalz

Bockenheim

Asselheim

Grünstadt

Großkarlbach

Kirchheim

Dackenheim

Herxheim
am Berg

Kallstadt

Ungstein

Bad Dürkheim

Wachenheim

Forst

Deidesheim

Mußbach

Neustadt

**Deutsche
Weinstraße**

Hambach

Diedesfeld

Maikammer

St. Martin

Kirrweiler

Edenkoben

Rhodt

Hainfeld

Gleisweiler

Burrweiler

Albersweiler

Frankweiler

Siebeldingen

Annweiler

Birkweiler

Ranschbach

Landau

Leinsweiler

Ilbesheim

Eschbach

Herxheim
bei Landau

Klingenmünster

Rohrbach

Gleiszellen-Gleishorbach

Pleisweiler-Oberhofen

Niederhorbach

Bad Bergzabern

Oberotterbach

Kandel

Schweigen-Rechtenbach

Wissembourg
Frankreich

Mehr Infos zum Weinland Pfalz
finden Sie unter www.pfalz.de

Inhalt

Beate Maxian

Im Wein liegt die Wahrheit!

Niemals sollte man denken, dass die Dinge durch Zufall geschehen. Eine Weinrebe wächst nicht, weil sich die Natur das mal eben so ausgedacht hat. Sie wächst, weil sie die Früchte der Wahrheit trägt. Eine Flasche Weißer Burgunder auf dem Tisch bringt oft mehr Wahrheit zutage als monatelange Sitzungen bei einem Psychologen.

Und deshalb sei jedem geraten, steh auf und geh, solange dir noch Zeit dazu bleibt. Denn wenn einmal das vierte Glas Wein getrunken, gibt es kein Entrinnen mehr. Dann wird nur mehr die Wahrheit gesprochen.

Martin: »Bleib doch noch ein bisschen sitzen, Rolf! Lass uns noch eine Flasche vom Weißen Burgunder trinken, heute ist doch der Sterbetag von der Hanna. Da hast noch ein Glas.«

Rolf: »Wir haben doch schon eine Flasche auf die Hanna leer getrunken, Martin. Ich muss jetzt gehen. Ich spüre nämlich den Wein schon ein wenig.« *Er setzt sich wieder.* »Egal, bei dir im Weinkeller ist es echt gemütlich, seit du ihn zu einer Trinkstube ausgebaut hast, mit all den gemauerten Weinregalen. Sieht fast aus wie in einer Vinothek. Zum Wohl, auf die Hanna!«

Martin: »Auf die Hanna! Meine Hanna, das war schon eine liebe Ehefrau.«

Rolf: »Obwohl … ihr habt schon sehr oft gestritten. Das war manchmal zum Fremdschämen, Martin.«

Martin: »Das war wegen ihrem Dickkopf … ich meine, ich hab auch einen. Aber der von der Hanna war schon größer als meiner. Ganz schlimm wurde es, als unsere Susanne ausgezogen ist. Da war die Hanna etwas über vierzig. Das ist ein schlimmes Alter für Frauen, sage ich dir. Da wollen sie auf einmal noch etwas erleben.«

Rolf: »Ach ja … an die Zeit kann ich mich gut erinnern. Kam da nicht dieser … wie hieß er? Mirko? Da kam doch dieser Mirko.«

Martin: »Der Blender, der Elendige. Aus Kragujevac war er, und Perc hat er geheißen. Lauter Vatsch und Tsche. Wenn ich das nur höre … das kann doch kein normaler Mensch aussprechen.«

Rolf: »Aber attraktiv war er, und deiner Frau hat er gefallen.«

Martin: »Was willst du jetzt von mir hören? Ich war damals fünfzig, habe jeden Tag von früh bis spät im Weingarten oder Keller gearbeitet. Abends war ich schmutzig und verschwitzt und wollte nur noch meine Ruhe haben. Der Mirko war damals Mitte dreißig und ein sportlicher Muskelprotz. Noch dazu fuhr er ein schwarzes 3er-BMW-Cabrio. Bei der Weinbergwanderung Höllenpfad hat er der Hanna schöne Augen gemacht, und sie ist darauf reingefallen.«

Rolf: »So ein Flirt bei einer Wanderung durch die Weinberganlagen, das kann man noch verstehen. Aber dass sie gleich mit ihm nach Österreich an den Wörthersee gefahren ist ...«

Martin: »Urlaub von der Ehe! So ein Blödsinn. Aber so sind sie, die Frauen. Da ist mir der Weiße Burgunder hier am Tisch schon viel lieber. So ein Wein, das ist halt etwas Ehrliches, etwas Bodenständiges, eine klassische, wunderbare Rebe. Da weiß man, was man hat. So ein Wein belügt einen nicht. Hast du gewusst, dass es Weinexperten gibt, die den Weißen Burgunder als erotischen Vollmondwein bezeichnen?«

Rolf: »Erotischer Vollmondwein? Ich brauche keinen Weinexperten, um zu wissen, dass dir der Wein schon immer lieber war als die Frauen. Obwohl früher ... da warst du kein Kostverächter. Weißt du noch, wie wir beide im Laufhaus in Saarbrücken waren? Du mit der feschen Irmi aus Bayern.«

Martin: »So etwas vergisst man doch nicht. Die Irmi war einmalig und für alles zu haben, wenn du verstehst, was ich meine.«

Rolf: »Hast du das der Hanna jemals erzählt?«

Martin (entrüstet): »Bist du blöd? Bei einem Mann ist das auch ganz etwas anderes. Man lebt ja nur einmal. Außerdem betrügt man seine Ehefrau mit einer Nutte nur ein bisschen, also nicht richtig. Aber der Mirko! Seine Finger waren regelmäßig an meiner Frau dran. Dein Glas ist schon wieder leer. Gib her, ich schenk dir nach. Prost!«

Rolf: »Prost, Martin. Dein Weißer Burgunder ist wahrlich ein edler Tropfen ... die Frucht schmeckt man gut am Gaumen.«

Martin: »Sag ich doch ... ist auch mein Lieblingswein, obwohl mein Riesling und der Müller-Thurgau auch nicht von schlechten Eltern sind.«

Rolf: »Ausgezeichnet, dieses Aprikosenaroma. Der ist dir diesmal ganz besonders gut gelungen.«

Martin: »Bei der Lese von dem Wein, den du jetzt trinkst, warst du doch dabei. Wahnsinn, damals war die Hanna schon zwei Jahre tot.«

Rolf: »Du, Martin, was mich schon lange interessiert. Wie hast du es eigentlich geschafft, den Mirko loszuwerden?«

Martin: »So wie ich es dir damals erzählt habe. Ich hab ihn zur Rede gestellt, ihn angebrüllt und ihm ein paar Ohrfeigen angedroht, wenn er sich noch einmal in der Nähe meiner Frau blicken lässt.«

Rolf: »Da hat er sich gefürchtet?«

Martin: »Natürlich! Vor einem richtigen Winzer hat sogar der Dreckskerl Respekt gezeigt. Und die Hanna habe ich vor die Alternative gestellt: ICH oder ER! Wie sie gesagt hat, sie bleibt bei mir, war er ganz schnell weg. Angeblich zurück nach Serbien, ich weiß es nicht genau. Jedenfalls habe ich ihn nie wieder zu Gesicht bekommen!«

Rolf: »Und dann habt ihr euch wieder versöhnt, du und die Hanna?«

Martin: »Ja.«

Rolf: »Angebrüllt? Du? Das hätte ich dir gar nicht zugetraut. Du bist doch sonst eher ein ... Phlegmatiker. Und wie geht es dir mit dem Alleinsein?«

Martin: »Ich bin selber überrascht, dass ich den Tod von der Hanna so gut verarbeitet habe. Die Arbeit in den Weinbergen hat mich abgelenkt. Jetzt hoffe ich, dass die Susanne und ihr Mann bald übernehmen, weil es für mich immer beschwerlicher wird. Immerhin sind wir ein alter Traditionsbetrieb. Winzer in der vierten Generation. Kannst du dich noch erinnern, der Keller, in dem wir jetzt sitzen, war früher viel zu feucht. Die Hanna und ich haben alles trockengelegt und sogar ein WC für unsere Kunden eingebaut. Seitdem bleiben unsere Gäste gerne lange sitzen.«

Rolf: »Die Leute haben damals viel geredet, als der Mirko so plötzlich verschwunden ist.«

Schweigend trinken die beiden Männer ihr Glas Wein leer. Martin gibt sich sichtlich einen Ruck.

Martin (dreht das Glas): »Rolf, ich hab dir nicht die ganze Wahrheit gesagt, was die Hanna und den Mirko anbelangt.«

Rolf: »Das habe ich mir damals schon gedacht. Ich kenne dich über vierzig Jahre und merk, wenn du lügst. Hast ihm Geld angeboten, damit er abhaut?«

Martin: »Nun, wie soll ich es dir sagen? Also gut. Ich hab den Mirko nicht zur Rede gestellt. Kennst mich doch. Ich bin feig. Er ist nicht wegen mir gegangen, er hat ein junges, hübsches Mädchen kennengelernt. Und ja, ich Idiot hab ihm sogar noch Geld gegeben, damit er nur schnell genug abhaut.«

Rolf: »Das hab ich mir gleich gedacht, dass du bezahlt hast.«

Martin: »Gib dein leeres Glas her! Ich schenk dir nach. Brot und ein Aufstrich stehen auch noch am Tisch, nimm dir einfach.«

Rolf: »Danke, wir sollten wirklich etwas essen, wenn wir so weitertrinken. Jetzt erzähl!«

Martin: »Ich glaub, dass ihm das Verhältnis mit der Hanna auf Dauer zu mühsam war. Und vielleicht war sie ihm am Ende doch zu alt. Außerdem war sie echt dick. Du hast sie doch gekannt. Mir hat das nichts ausgemacht. Schau mich an! Mein Bauch ... meine hundertzwanzig Kilo. Eine Waage hab ich schon zu Schrott getreten. Ich hab mir damals gedacht, was interessiert so einen Sportstypen meine Hanna. Vielleicht hat er einen Mutterkomplex? Vielleicht hat ihm das aber doch gefallen.« *Er stößt sein Glas gegen das seines Freundes.* »Da, Rolf. Prost, auf uns!«

Rolf: »Hat die Hanna gewusst, dass der Mirko wegen einer anderen gegangen ist und du ihm Geld gegeben hast?«

Martin: »Nein, sie hat nur meine andere Version gekannt und geglaubt. Ich wollte Stärke zeigen, immerhin musste ich meinen Ruf in Grünstadt wiederherstellen. Die haben doch hinter meinem Rücken alle gelacht. Wahrscheinlich hätte sie die Wahrheit auch gar nicht ertragen.«

Rolf: »Jetzt ist es auch egal. Die Hanna lebt nicht mehr, und dein Ruf ist tadellos. Was ist denn? Du bist auf einmal so nachdenklich. Soll ich gehen, magst du alleine sein?«

Martin: »Nein, nein. Bleib da. Es tut gut, dass ich mit jemandem reden kann. Du bist ein echter Freund, Rolf. Oder, das bist du doch?«

Rolf: »Natürlich.«

Martin: »Prost! Heute trinkt sich der feige Martin Mut an. Ich bin nämlich noch nicht fertig mit meiner Geschichte. Ich hab das Auto vom Mirko genommen und verkauft!«

Rolf: »Verkauft? Wo denn?«

Martin: »Frag nicht. Es gibt Orte, da will keiner Papiere sehen, sondern nur ein günstiges Auto kaufen. Das hab ich vorher alles ausgekundschaftet.«

Rolf: »Das ist Diebstahl. Wegen dem Idioten machst du dich strafbar?«

Martin: »Schaut das hier so aus, als säße ich im Gefängnis?«

Rolf: »Was hast du mit dem Geld gemacht? Einen Versöhnungsurlaub mit der Hanna?«

Martin: »Nein, damit habe ich das Trockenlegen des Kellers und die Toilettenanlage finanziert. Jedenfalls war ich in seiner Wohnung, die Hanna hatte die Schlüssel, das wusste ich. Die Garçonnière lag nahe dem Krankenhaus in Grünstadt. Das passt, habe ich mir gedacht. Dann hat er es nicht weit, falls er überraschend heimkommt, ich noch in der Wohnung bin und ihm eine aufs Maul hauen muss. In seinem Kleiderkasten hing teure Kleidung, und in einem Karton fand ich Geld. Dreißigtausend Euro. Prost! Jetzt brauch ich einen großen Schluck und noch eine Flasche Weißen Burgunder.«

Rolf: »Martin, du wirst mir unheimlich. So viel Geld! Hast du das etwa genommen? Das wäre ... also, ein Riesendiebstahl, mehr, als du bei einem Bankraub holen kannst. Wenn sie dich erwischen, sitzt du Jahre im Gefängnis. Wo hat der denn so viel Geld hergehabt?«

Martin: »Das weiß doch ich nicht.«

Rolf: »Und wo ist das Geld jetzt?«

Martin: »Kannst dich sicher erinnern, dass ich dir mal erzählt habe, mir endlich eine neue Pressanlage anschaffen zu müssen?«

Rolf: »Du hast sein Auto verkauft, warst in seiner Wohnung, hast sein Geld gestohlen. Hat sich das der Mirko einfach so gefallen lassen?«

Martin: »Was hätte er denn machen sollen? Das hat der ja nicht gewusst.«

Rolf: »Dem ist doch sicher aufgefallen, dass alles weg ist. Ist der nicht zur Polizei gegangen?«

Martin: »Nein.«

Rolf: »Das gibt es doch nicht. War der etwa Mitglied bei der Mafia? Mein Gott, Martin! Die bringen dich heute noch um.«

Martin: »Nein habe ich gesagt, und damit basta. Da, rede nicht so viel, trink lieber noch ein Glas. Auf unser Wohl.«

Rolf: »Du verschweigst mir doch noch etwas, oder? Komm schon, Martin! Ich bin es, Rolf, dein Freund.«

Martin: »Hast schon recht. Er hat sich nicht mehr beschweren können.«

Rolf: »Martin! Hast du ihn umgebracht? Das kann doch nicht sein, oder? Sag schon!«

Martin: »Ich bring doch niemanden um, kann ich gar nicht. Ich bin doch viel zu feige. Eine Leiche und alles voll von Blut. Nein, das ist nicht meins. Er ist, wie soll ich sagen? Er ist ganz von selbst gestorben ... also, verstorben.«

Rolf: »Wie ist er denn verstorben? Einfach vom Stuhl wird er ja nicht gefallen sein, so sportlich, wie der war.«

Martin: »Okay, ich sag's dir. Aber du musst mir versprechen, es niemandem, wirklich niemandem zu erzählen. Versprochen? Ich will dein Ehrenwort!«

Rolf: »Mein Ehrenwort. Darauf können wir anstoßen, wenn du willst. Beim Wein und meiner Seele!«

Martin: »Wo hast du das denn her?«

Rolf: »Das sagen die Österreicher, wenn sie schwören. Ich habe das mal aufgeschnappt. Und irgendwie passt es, weil im Wein liegt bekanntlich die Wahrheit.«

Martin: »Egal, da wo wir beide jetzt sitzen, bin ich damals mit Mirko gesessen. Wir haben Wein getrunken. Drei Flaschen von meinem besten Riesling und zwei Flaschen vom Blauen Portugieser. Er wollte mit mir reden. Darüber, dass ich ihm gestatte, meine Hanna zu sich zu nehmen. Der Blindgänger wollt sie tatsächlich heiraten.«

Rolf: »Dann ist er doch nicht mit einem jungen Ding verschwunden? Ist das jetzt die Wahrheit oder auch wieder eine Lügengeschichte?«

Martin: »Die Wahrheit.« *Er hebt das Glas.* »Im Wein liegt ja bekanntlich die Wahrheit.«

Rolf: »Du hast also mit ihm darauf getrunken, dass er die Hanna mitnimmt? Mit ihm? Bist du blöd?«

Martin: »Das war doch nur Teil meiner Strategie. Dem habe ich damals im wahrsten Sinne des Wortes ordentlich Wein eingeschenkt. Ganze sechs Flachen von meinem Blauen Portugieser hat es gebraucht, bis der Einfaltspinsel endlich völlig betrunken von der Bank gefallen ist.«

Rolf: »Bist du dir da sicher?«

Martin: »Er hat geschnarcht.«

Rolf: »Und dann?«

Martin: »Das Zeug war schon da.«

Rolf: »Was für ein Zeug, Martin?«

Martin: »Die Ziegel, der Zement ... Ich habe doch damals gerade die Baustelle gehabt, wegen der Klo-anlage und so. Das Geld von dem Auto, erinnerst du dich?«

Rolf: »Sag nur?«

Martin: »Eingemauert hab ich ihn.«

Rolf: »Was?«

Martin: »Das hättest mir gar nicht zugetraut, nicht wahr?«

Rolf: »Jetzt sag ich nichts mehr. Wo hast ihn denn genau eingemauert?«

Martin: »Nicht beim WC, wenn du das jetzt glaubst. Dort, wo die alte, kleine Kellerabzweigung eingestürzt ist. Da habe ich ihn hineingezogen und eine Mauer aufgestellt. Ist niemandem aufgefallen.«

Rolf: »Das heißt ... da liegt er heute noch?«

Martin: »Natürlich, ausgraben werde ich ihn. Ich störe doch keine Totenruhe.«

Rolf: »Aber das ist Mord!«

Martin: »Hör auf! Friedlich und mit einem exzellenten Rausch ist er im Schlaf für immer von uns gegangen. Und nichts ist passiert. Keiner hat ihn vermisst. Na ja, die Hanna schon, am Anfang. Doch niemand anderes kam und hat nachgefragt. Seine Wohnung hat die Hausverwaltung aufgelöst. Mirko Perc ist verzogen. Adresse unbekannt. Ende.«

Rolf: »Was ist mit der Hanna, hast du die auch ...«

Martin (entrüstet): »Nein! Was denkst du denn von mir. Ich bin doch kein Frauenmörder.«

Rolf: »Aber der Mirko ...«

Martin (hebt den Finger): »Noch einmal, das war kein Mord. Er ist sanft entschlafen hinter einer Ziegelmauer. Dafür kann niemand etwas. Niemand! So, jetzt geht es mir besser. Ist langsam Zeit geworden, dass ich das einmal loswerde. Darauf trinken wir! Der Weiße Burgunder schmeckt jetzt noch besser. Du bist wirklich ein Freund, Rolf. Was! Wir haben schon wieder alles ausgetrunken?«

Rolf: »Apropos ausgetrunken. Da fällt mir gerade etwas ein. Die besten Weine kommen doch laut *Gault-Millau* dieses Jahr aus Rheinland-Pfalz, und meines Wissens wurde auch eine deiner Weinsorten prämiert. Hol mir den doch jetzt mal zur Verkostung. Und wenn du schon dabei bist, pack mir am besten die restlichen Flaschen gleich für zu Hause ein. Denn ich glaube, ab heute bin ich dein allerbester Freund, Martin.«

Zu diesem Kurzkrimi passt hervorragend ...

der Weiße Burgunder vom Weingut Schenk-Siebert aus Grünstadt-Sausenheim, der mit seiner frischen Säure und feinen Frucht ein idealer Menüwein ist.
www.weingut-schenk-siebert.de

Und danach vielleicht ein bisschen Bewegung? Zum Beispiel ein Besuch der *alla hopp!*-Anlage in Grünstadt oder die Weinbergswanderung Höllenpfad, bei der auf dem 5,5 Kilometer langen Rundweg an zehn Stationen Weingüter aus Grünstadt und Sausenheim ihre Weine und Kulinarisches anbieten. Die Route folgt dem »Höllenpfad«, dessen Name aus dem 15. Jahrhundert stammt und für den »Hellen Pfad« steht. Hier bietet sich dem Wanderer ein weiter Blick über Grünstadt in die Rheinebene; selbst das Heidelberger Schloss ist an schönen Tagen gut erkennbar.
www.weinwanderung.net/gruenstadt/

Markus Guthmann

Sprechender Wein

Großkarlbach ist eine traditionelle pfälzische Wein-
baugemeinde am Rand der Unterhaardt, die auf eine
uralte und bewegte Geschichte zurückblickt. Carlo-
bach, wie es erstmalig im Lorscher Codex genannt
wurde, ist ein stolzer Name, denn er leitet sich von
»Bach der freien Karle«, also der freien Männer, ab.
Schon die Römer haben hier Wein angebaut und so
die idyllische Kulturlandschaft mit ihrem unverwech-
selbaren Charme geschaffen. In der Neuzeit wechsel-
te der Ort zwischen der Kurpfalz und der Leininger
Grafschaft, was mit bedeutenden Impulsen für die
kulturelle und wirtschaftliche Entwicklung begleitet
wurde.

Weinbau ist seit Langem der führende Wirtschafts-
zweig im Dorf, und der erhebliche Reichtum drückt
sich immer noch durch imposante barocke und klas-
sizistische Weingüter aus, die das malerische Ortsbild
bestimmen. Nicht zu Unrecht erhielt das Dorf vor
vierzig Jahren das Prädikat »Schönstes Dorf an der
Deutschen Weinstraße«, und das Kändelgassenfest
im Juli ist das absolute Highlight der ganzen Saison.

Der Eckbach, der früher Karlbach hieß, ist ein kräf-
tiger Wasserlauf, der Großkarlbach durchschneidet
und in alten Zeiten sieben Mühlen angetrieben hat.

»Guten Morgen, meine Lieben. Wie geht es euch heute?«, rufe ich in den Raum hinein.

Ich pflege einen besonderen Umgang mit meinen Weinen, denn ich betreibe anthroposophischen Weinbau. Dieser Königsdisziplin des Weinbaus habe ich mich zu einer Zeit verschrieben, als von ökologischer Landwirtschaft noch lange keine Rede war. Aber diese ganzen Ökowinzer sind sowieso alle Scharlatane, und nur der anthroposophische Weinbau ist das einzig Wahre. Die Ökos spritzen hemmungslos das Schwermetall Kupfer und haben früher sogar mit dem sogenannten Pflanzenstärkungsmittel Kaliumphosphonat die ganze Umwelt verpestet. Zugegeben, unser Feind Nummer 1 ist der Falsche Mehltau, der vor über hundert Jahren durch die Einfuhr reblausresistenter Reben aus der neuen Welt eingeschleppt wurde, aber dieser ganze Chemiekram wird uns und vor allem die Reben bald umbringen. Deshalb frage ich mich ständig: Was ist gut für meine Reben und den Wein, ohne ihnen und der Umwelt zu schaden?

Es fängt alles im Wingert an. Meine Weinberge habe ich seit Jahren nicht mehr geschnitten, denn ich will meine Reben nicht zu domestizierten Weinkühen abrichten. Die Rebe ist eine wilde Lianenpflanze, die sich ausbreiten und die Welt erobern will. Schneiden bedeutet für sie puren Stress, und das würde die perfekte Harmonie meiner Weine zerstören. Ich setze auf antiautoritäre Rebenerziehung, und in der ungestörten Freiheit ihrer Entwicklung entfalten sich meine Trauben zu kleinen, lockerbeerigen, aromatischen

Prachtexemplaren. Um die typischen Winzerplagen zu bekämpfen, bereite ich meinen Reben regelmäßig Wohlfühltees zu und bekoche sie mit allen veganen Leckereien, die zwischen meinen Rebzeilen wuchern. Gegen den Mehltau hilft Schachtelhalmtee, gegen Ungeziefer Brennnesseltee, und bei starkem Befall darf es schon mal Brennnesseljauche sein. Spätestens dann stürzt sich jede Laus freiwillig den Weinstock herunter.

Zur Stärkung meiner Rebenfreunde verabreiche ich regelmäßig Tee aus Eichenrinde, und die beste Verbindung zwischen Boden und Pflanze schafft mein selbst angesetztes Horn-Mist-Präparat. Dazu vergrabe ich im Herbst Kuhhörner, die ich zuvor mit dem Dung trächtiger Kühe gefüllt habe. Im Frühjahr hole ich sie wieder heraus und verteile die Leckerbissen in meinen Weinbergen. Eine Düngung mit Kunstdünger käme einer Zwangsernährung gleich, und man muss doch auch das Terroir schmecken, auf dem der Rebstock steht.

»Na, wie geht's, meine Lieben?«, rufe ich noch mal in den Raum hinein, und ein fröhliches Glucksen, Tuscheln, Flüstern und Blubbern ist die Antwort.

Ja, Weine können sprechen! Es gibt schüchterne, vorlaute, leutselige, quirlige, laute, leise und natürlich die Dumm- und Dauerbabbler. Manchmal, aber selten, ist auch ein echter Unsympathikus dabei, bei dem ich dann härter herangehen muss.

Gerne beschalle ich meine Lieblinge mit Musik oder singe ihnen etwas vor. Dabei muss es nicht immer nur die kleine Nachtmusik zur Beruhigung sein. Nein, einem jungen, ungestümen Riesling gönne ich auch schon einmal AC/DC. Gerade hatte ich »Sprechender Wein« vor mich hingeträllert, das ich in Anlehnung an den Schlager »Griechischer Wein« des seligen Udo Jürgens gedichtet habe, und erhalte für meine Darbietung von allen Seiten des Kellers Applaus. Ja, ich verstehe mich prächtig mit meinen Weinen.

Ich gehe zum ersten Fass, streichele es und frage: »Na, mein lieber Grauburgunder. Hast du deine Verdauungsbeschwerden überwunden, oder quälen sie dich immer noch?« Ich betrachte die Blasen in der Gärpfeife, sie kommen nicht mehr in Schüben und in großen Blasen. Nein, es perlt fein und regelmäßig. Dann halte ich mein Ohr über die Pfeife, und der augenscheinliche Eindruck wird nicht nur durch das beruhigende, leise, zufriedene Sprudeln bekräftigt:

Trink ihn aus, den Trank der Labe,
Und vergiß den großen Schmerz!
Wundervoll ist Bacchus' Gabe,
Balsam fürs zerrißne Herz!

»Ja, dir geht es wieder richtig gut. Das merke ich, weil du wieder Schiller zitieren kannst, du alter Philosoph. Wahrscheinlich haben dir nur die bösen Hefen zugesetzt, aber jetzt hat es dein Immunsystem alleine geschafft, und die guten haben wieder die Oberhand. So muss es sein, mein braver, tapferer Kerl, aber ich muss dich zur Sicherheit noch einmal abhören.«

Ich setze das Stethoskop auf, das ich stets über meinem frisch gestärkten, hygienisch weißen Winzerkittel um den Hals trage, und beginne den Wein fachmännisch zu untersuchen. Zwischendrin klopfe ich auch mal indirekt an das Fass, indem ich mit der einen Hand das Kopfstück des Stethoskops zwischen den Fingern an das Fass drücke und mit dem Zeigefinger der freien Hand auf die Handfläche klopfe. Nach der gründlichen Untersuchung bin ich zufrieden und gehe zum nächsten Fass.

»O nein, was ist denn mit dir los?« Entsetzt überprüfe ich die Gärpfeife. Nichts. Kein fröhliches Blubbern oder Säuseln. Ich klopfe leise an das Fass. Wieder nichts. Hier hätte ich einen richtigen Rüpel erwartet, der mich beschimpft und beleidigt. Schließlich zücke ich mein Stethoskop und horche das Fass gründlich ab. Da! Kaum zu hören, aber da ist eindeutig ein Geräusch. Es klingt wie sanftes Schnarchen. Ich höre noch eine Weile genau hin und fühle mich einigermaßen beruhigt. Er ist noch nicht tot, aber ich muss dringend etwas unternehmen. Ich klopfe an das Fass und erhalte endlich eine Reaktion: *Lass mich schlafen, du Penner!*

»Ich bin nur besorgt um dich, du alter Rüpel-Riesling«, antworte ich ruhig und mache mir sofort Gedanken, wie ich ihn behandeln könnte.

»Komm hoch, du Vollidiot, der Gerichtsvollzieher ist da.« Mir wären beinahe die Bügel des Stethoskops aus den Ohren gesprungen und das Trommelfell geplatzt, als meine Alte von der Treppe herunter in den Weinkeller brüllt. Nun gut, wirklich alt ist sie nicht, denn Marion ist meine zweite Frau und vierundzwanzig Jahre jünger als ich, aber in letzter Zeit habe ich große Probleme mit ihr.

Missmutig stapfe ich die Treppe hoch. Um meine anderen Patienten würde ich mich später kümmern. Im Wohnzimmer giftet mich Marion sofort an. »Da siehst du, wohin uns dein Scheiß-Öko-Spleen führt.«

»Das ist kein Öko-Spleen, ich betreibe anthroposophischen Weinbau«, antworte ich und überlege, wie oft ich es ihr schon erklärt habe. Rudolf Steiner, der Begründer der Anthroposophie, war ein Multitalent, der eine konzeptionelle Einheit von Mensch und Umwelt schuf. Er hat viele Lebensbereiche entscheidend beeinflusst, wie etwa Medizin, Religion, Kunst, Pädagogik und schließlich die Landwirtschaft. Die Waldorfschulen gehen auf ihn zurück und eben der anthroposophische Weinbau.

»Du hast uns heruntergewirtschaftet, du Volltrottel«, schreit Marion, und der fette Gerichtsvollzieher blickt verlegen auf den Boden. Er ist vermutlich keinen Ehestreit gewohnt, denn wahrscheinlich verbünden sich die Paare normalerweise gegen ihn, egal wie schief der Haussegen hängt. »Die Weine streicheln und mit Gesundheitstees spritzen. Du hast sie doch nicht mehr alle. Und das Allerschlimmste ist, dass die Plörre zum Kotzen nach Moder schmeckt. Wenn ich da nur an den Gewürztraminer denke, den du mit deiner Brennnesseljauche behandelt hast.« Marion unterstreicht ihr Schimpfen mit einem in den Hals gesteckten Mittelfinger.

»Er war krank. Ich musste ihn therapieren, sonst wäre er gestorben.«

»Ja, klar, der Herr Weindoktor. Hat für jeden Fall das richtige Mittelchen parat. Wenn ich dich schon so mit dem Stethoskop herumrennen sehe. Du gehörst in die Klapse.«

»Glaubst du, ich weiß nicht, dass du schon eine Weile meine Entmündigung vorantreibst?«

»Genau, und seitdem wir die Weinlese vor ein paar Wochen nackt bei Vollmond gemacht haben, glaubt mir auch jeder im Dorf.«

»Aber das war doch eine tolle Gemeinschaftserfahrung, die noch dazu der Harmonie und der Ausgewogenheit unserer Weine gedient hat«, halte ich dagegen.

»Deswegen bist du auch nur mit dem Stethoskop bekleidet herumgelaufen und hast unsere Erntehelfer untersucht. Vorzugsweise die weiblichen, versteht sich.«

»Entschuldigung«, meldet sich räuspernd der Gerichtsvollzieher zu Wort. »Wir müssen jetzt zur Tat schreiten. Ich bitte Sie, Ihren Streit zu beenden oder ihn wenigstens auszusetzen, bis wir hier fertig sind.«

»Ich gehe schon und lasse Sie mit diesem Spinner alleine. Von mir aus können Sie alles mitnehmen oder mit dem Kuckuck bekleben. Wir brauchen sowieso komplett neue Gerätschaften«, zischte Marion giftig. »Hat eigentlich jemand Frank gesehen?«

Frank ist ihr Sohn, den sie mit in die Ehe gebracht hat und der nun, nach seinem Weinbaustudium, bei uns, aber gegen mich arbeitet. Marion und Frank wollen mich für verrückt erklären lassen, damit sie das alleinige Sagen im Weingut bekommen. Aber nicht mit mir, nicht mit mir.

»Kommen Sie, setzen Sie sich«, sage ich freundlich zu dem Gerichtsvollzieher, dem die Situation offensichtlich peinlich ist. »Entschuldigen Sie meine Frau. Sie ist ein wenig impulsiv. Lassen Sie uns über das temporäre Problem sprechen.«

Der Gerichtsvollzieher schluckt und nickt. »Es ist gut, dass Sie kooperieren wollen. Vielleicht kann ich Ihnen ja eine Lösung aufzeigen, wie Sie aus Ihrer misslichen Lage herauskommen können.«

»Darf ich Ihnen vielleicht etwas zu trinken anbieten? Dann redet es sich besser. Ich habe da einen schönen Riesling.« Der Mann sah nicht wie ein Kostverächter aus, zumindest nicht nach seiner rotgeäderten Nase zu urteilen.

»Ich weiß nicht«, antwortet er stotternd.

»Ach, kommen Sie. Nur ein Gläschen. Ich trinke einen mit, und Sie werden sehen, dass meine Frau keinesfalls recht hat, denn meine Weine sind ausgesuchte Spezialitäten.«

***

Endlich kann ich mich wieder um meine Patienten im Keller kümmern. Auch bei der Arbeit im Keller vertraue ich voll der Natur. Niemals würde ich mit Reinzuchthefen arbeiten, weil sie die Weine gleichmachen und ihnen ihren individuellen Charakter rauben würden. Meine Moste bleiben ungekühlt, damit sich das Temperament der Trauben erhält und auf den späteren Wein überspringt. Besorgt untersuche ich das Fass mit dem schnarchenden Riesling und entscheide, dass ich es komplett mit Most füllen muss, um noch etwas zu retten. Ich werfe die elektrische Pumpe an, die das einzige Zugeständnis an moderne Zeiten ist, und siehe da, sofort kommt wieder Leben in den Wein. Die Gärpfeife fängt heiter an zu blubbern. Der Wein, er ruft, er schreit, ja er tobt sogar, weil ich ihn geweckt habe! Nach kurzer Zeit ist das Fass voll, und der Wein hat sich beruhigt. Aus dem Fass kommen nur gesunde Geräusche, und die Gärpfeife säuselt friedlich.

Zufrieden gehe ich zum nächsten Fass. Ich brauche gar nicht erst mein Stethoskop zu bemühen, denn der Inhalt ist nicht zu überhören. Er klopft, er ruft, er schreit! Einen klopfenden Wein erlebe ich zum ersten Mal. Auch die Rufe sind unüberhörbar. »Lass mich hier raus, lass mich hier raus!«

Ich schlage mit der Faust auf das Fass. »Du kannst rufen, wie du willst, Marion. Dir hilft jetzt keiner mehr. Ich lass mich nicht entmündigen. Weder von dir noch von jemand anderem. Ich führe mein Weingut, wie ich will. Ich bin ein freier Mann, ein Großkarlbacher!«

Mit geübten Griffen drapiere ich den Schlauch im Spundloch und setze die Pumpe in Gang.

»Das können Sie doch nicht machen!«, ruft der Gerichtsvollzieher, der wieder wach geworden ist. Er sitzt gefesselt an der Säule, weil ich ihn wegen seiner fetten Wampe nicht einmal in mein größtes Fass verfrachten konnte. Ganz anders war das mit Marion, die immer auf ihre Figur achtet und die ich ohne große Mühe in das Fass schieben konnte. Dem Gerichtsvollzieher habe ich die K.-o.-Tropfen mit dem Wein verabreicht, und Marion bekam ihre Portion über die Baldrianessenz, die sie immer nimmt, wenn sie mit mir Zoff hat. Ganz einfach war es bei ihrem Sohn, dem Jungwinzer, gewesen. Der ist zum Reinigen selbst in das Fass geklettert und hat bei aller Schufterei nicht bemerkt, dass ich die Öffnung hinter ihm verschlossen habe. Fassschlupfen nennen wir das in der Pfalz, wenn einer zum Saubermachen ins Fass kriecht, und in Deidesheim gibt es bei der Gäßbockversteigerung sogar einen Wettbewerb für die Kinder. Frank hat anfangs noch getobt, aber dann ist er irgendwann erschöpft eingeschlafen, wohl auch, weil ihm der Sauerstoff im Fass ausgegangen war.

Noch eine ganze Weile muss ich die Verwünschungen aus dem Fass ertragen, bis sie in ein lautes Gegurgel übergehen und ich die Pumpe abstellen kann. Die ganze Zeit über winselt der Gerichtsvollzieher wie ein geprügelter Hund. Ich muss mir so langsam Gedanken machen, wie es mit ihm weitergehen soll. Vielleicht ist ja die Traubenpresse eine Alternative für ihn. Die Reste könnte ich dann mit dem anderen Presskuchen im Weinberg verteilen.

Gerade als ich die Treppen hinaufsteige, klingelt es an der Tür. Vier Polizisten stehen davor und zeigen mir einen amtlich aussehenden Wisch mit der Überschrift »Unterbringungsbeschluss«. Sie müssten mich direkt mitnehmen, weil ich schon dreimal die freiwillige Aufforderung ignoriert hätte, sagen sie. Es sei nicht auszuschließen, dass ich eine Gefahr für meine Umwelt darstelle, fügen sie hinzu. Dass ich nicht lache! Die anderen sind doch die Gefahr für die Umwelt! Aber ich gebe mich einsichtig, denn mein Tagwerk ist getan und in ein paar Wochen bin ich wieder zu Hause. »Einen Augenblick, ich muss nur noch den Weinkeller zuschließen, dann stehe ich Ihnen gerne zur Verfügung.«

Ich freue mich schon auf meine Rückkehr, denn dann werde ich mit meinen Reben eine mächtige Party feiern. Nicht mit Brennnessel- oder Schachtelhalmtee, nein, diesmal werde ich sie mit Wein aus den beiden Fässern beglücken, und der Gerichtsvollzieher gibt dann im Frühjahr, zusammen mit den gefüllten Kuhhörnern, bestimmt einen großartigen Dünger ab. Ich bin so stolz auf meine Reben und Weine, denn ich kann sie immer ohne Weiteres ein paar Wochen alleine lassen, weil ich sie grundsätzlich zur Selbstständigkeit erziehe.

»Sprechender Wein«, singe ich und lasse mich beschwingt abführen.

Zu diesem Kurzkrimi passt hervorragend ...

ein gemütlicher Spaziergang durch Großkarlbach, ein typisches Weindorf mit verwinkelten Gässchen und ehemaligen Mühlen. Danach ein Palatinat Cuvée brut von der Sektkellerei Schreier & Kohn. Durch die Zusammensetzung von 50% Pinot Noir, 25% Pinot Blanc und 25% Chardonnay kann das Palatinat Cuvée brut locker mit einem Champagner mithalten.

www.sektkellerei-sk.de

Susanne Kliem

Ein besonderer Tropfen

Der Parkplatz des Hotels war fast leer, ein schwarzer BMW nirgends zu sehen. Martina stieg aus, lehnte sich an die Fahrertür und ließ den Blick über die Rebzeilen in die Rheinebene schweifen. Sie atmete tief durch, doch das harte, schnelle Klopfen ihres Herzens ließ nicht nach. Das hier war unbekanntes Terrain.

Natürlich kannte sie Wachenheim von Ausflügen am Wochenende. Mit den Kindern auf die Wachtenburg. Mit Frank zu einer Führung in die Sektkellerei oder mit ihrem Vater zum Aussichtspunkt »Schönste Weinsicht«. Aber niemals hatte es einen Grund gegeben, hier in einem Hotel abzusteigen, ihr Haus stand ja keine zwanzig Kilometer entfernt in Neustadt. Als sie dort vorhin gestartet war, hatte sie noch geplant, durch den Wald über die Talstraße zu fahren, sich dann aber spontan anders entschieden. Wozu einen Umweg machen? Egal, wem sie begegnete, niemand würde sie erkennen, den Wagen nicht und schon gar nicht sie selbst. Und so hatte sie Mussbach und Deidesheim durchquert und war unter dem Blick der stolzen Burgruine bis nach Wachenheim gefahren, hatte das kleine Zentrum wieder verlassen, war in den Odinsthalweg eingebogen und den Hinweisschildern zum *Hotel Agrigent* gefolgt.

Sie betrachtete das Gebäude. Ein ziemlicher Aufreger bei den Wachenheimern, wie sie aus der Zeitung wusste, und nun verstand sie auch, warum. Es sah aus, als hätte sich der Architekt am Nachbau eines griechischen Tempels versucht und das Ergebnis versehentlich an der Weinstraße vergessen. Sechs Säulen wuchsen aus einer steinernen Empore und schlossen mit einem Fries ab. Den dreieckigen Giebel darüber zierte das Relief einer Kampfszene aus Pferden, Wagen, speerbewaffneten Kriegern. In den Riefen der Säulen fingen sich rote und blaue Lichtstrahlen aus Bodenscheinwerfern. Über eine Freitreppe führte ein schmaler, roter Teppich mittig auf den Eingang zu. So was hatte man hier in der Gegend noch nicht gesehen. »Unpassend« war kein Ausdruck. Aber der Wirbel in der Presse hatte das Hotel über Nacht bekannt gemacht.

Eine Kirchturmuhr schlug, unten im Ort. Vier hohe Schläge, acht tiefe. Wie ein Weckruf. Was hatte sie sich nur dabei gedacht, was wollte sie hier? Wenn sie sich beeilte, konnte sie ihm noch ausweichen. Sie öffnete die Wagentür, warf ihre Handtasche auf den Beifahrersitz, stieg mit zitternden Knien ein. Sie zog die Wagentür zu, ließ den Motor an. Doch dann saß sie hinter dem Lenkrad, unfähig, sich zu rühren. Es gab ja kein Zurück mehr. Ihr altes Leben endete. In einer Stunde war alles vorbei.

Ein Motorgeräusch ... Der schwarze Firmenwagen mit Münchner Kennzeichen nahm mit Tempo die Kurve in die Einfahrt, schlug einen exakt abgezirkelten Bogen und stoppte zwei Parkplätze neben ihr. Sie starrte geradeaus durch die Frontscheibe, das lange, blonde Haar bedeckte ihre Wangen. Aus dem Augenwinkel nahm sie wahr, wie der Fahrer ausstieg. Er dehnte den Rücken, die Schultern, tat so, als sei er weit gefahren, als müsse er sich erst mal orientieren, dabei hatte er sie sicher längst entdeckt: »Orchidee2017, blond, 1,72 m, schlank, Körbchengröße 75 C«. Hellblond. Blonder ging es gar nicht.

Er schlenderte, eine lederne Reisetasche in der Hand, auf ihr Auto zu, sie regte sich nicht. Ein sanftes Klopfen an der Autoscheibe. Sie strich sich mit einer Geste, die ihr selbst fremd war, die Strähnen aus dem Gesicht und wandte sich ihm zu. Zuerst weiteten sich seine Augen im Erstaunen, dann verengten sie sich zu zwei Schlitzen.

»Martina? Was ... was soll das? Wie siehst du denn aus?«, drang seine Stimme gedämpft durch das Glas.

Sie öffnete die Tür und stieg aus, ihre Glieder waren so verkrampft, dass sie schmerzten. Der Hosenanzug, den sie sich gekauft hatte, umgab ihren Körper wie eine Rüstung. Schwer wog das Gewicht ihres glänzenden Helms aus fremdem Haar.

»Was machst du hier?« Sein Ton schwankte zwischen Aggression und Erschrecken.

»Ich wollte mal sehen, wo du bist, wenn du deine Termine hast.« Den Satz hatte sie sich zurechtgelegt, in Gedanken schon hundertmal in sein Gesicht geschleudert, aber nun klang er blutleer, so auswendig gelernt, wie er auch war.

Sein Blick wich zur Seite aus, streifte am Lack ihres Wagens entlang. »Was ist denn das für ein Auto?«

»Ein VW Polo.«

»Das sehe ich. Und wem gehört der?«

»Sixt.«

Er stand nun genauso da wie am Morgen in der Küche, als er ihr gesagt hatte, dass es heute später werden würde. Der gebogene Nacken, die leicht geduckte Haltung des massigen Rückens, sein Blick, der sie von unten taxierte, an ihr heraufwanderte, aber ihre Augenhöhe nicht erreichte.

»Du hast Orchidee2017 in dieses Hotel bestellt. Das bin ich.« Sie schwankte. In ihren neuen, viel zu hohen Schuhen fehlte ihr der Kontakt zum Boden.

Er schüttelte den Kopf, streckte die Hand aus, die Finger gespreizt, die Handinnenfläche ihr zugewandt, als wolle er sie berühren, aber gleichzeitig auf Distanz halten. Sie sah, dass er seinen Ehering abgelegt hatte, doch der blasse Streifen am Ringfinger war nicht zu übersehen. Sicherlich wollte er niemanden täuschen, sondern nur ein kleines Zeichen setzen.

»Ich kann es dir erklären.« Er sprach leiser als sonst. »Martina, bitte ... es tut mir leid.«

»Was tut dir leid? Dass ich dahintergekommen bin?«

Wie oft hatte sie sich diese Situation ausgemalt, sich vorgestellt, wie sie auf seine Bitte um Vergebung reagieren wollte, ihn anschreien würde, verhöhnen, schlagen ... aber nun lösten seine Worte nichts in ihr aus. Sie war nicht mehr Martina, die seit Monaten an ihrer Verletzung und Wut, an ihren Selbstzweifeln und ihrer Eifersucht erstickte, seit sie hinter sein Passwort und seinen Decknamen bei Happy-Seitensprung.de gekommen war. »Zephyr« nannte er sich dort, Windgott. Zuerst hatte sie lachen müssen. Einen weniger passenden Namen hätte er kaum finden können. Ein Gott des Windes mit Bauchansatz und Geheimratsecken? Doch sie hatte sich in ihm getäuscht. Seit einem Jahr flog er von Gespielin zu Gespielin.

Als »Orchidee« hatte sie sofort viele Mails erhalten, Angebote von verheirateten Männern, unter denen sie auswählen konnte. Aber sie hatte nur ihm geantwortet. Ein paar Mails voller Floskeln, und schon war die Verabredung in dem Hotel getroffen. Hier ging es schließlich um die Sache, nicht um Kommunikation.

»Lass uns reingehen. Du hast sicher nicht viel Zeit«, sagte sie.

Er blickte in Richtung des Hotels, dann ungläubig in ihre Augen. »Du willst da rein? Wozu denn?«

Sie öffnete die obersten Knöpfe ihres Jacketts. Sie trug nichts darunter, nur einen schwarzen, spitzenbesetzten BH. »Um das Versprechen einzulösen, das du ›Orchidee‹ gegeben hast: eine unvergessliche Stunde.«

Wieder konnte sie in seinen Augen lesen, spürte seinen Drang zu flüchten, seine Irritation über ihr Verhalten, sein schlechtes Gewissen.

»Warum auch nicht?«, fragte sie. »Bin ich schlechter als andere?« Sie lächelte. »Und bezahlen musst du so oder so.«

Er war verunsichert, also musste sie vorausgehen, über den roten Teppich, die Stufen hinauf. Eine automatische Glastür fuhr auf, die Empfangshalle sog sie ein, rote Stoffe, goldgerahmte Spiegel.

Sie blieb stehen und nickte ihm zu. Er trat zögernd zum Tresen, sprach leise mit der Hotelangestellten. Ob er hier schon bekannt war? Er fasste in die Innentasche seines Jacketts, zückte seinen Kugelschreiber, füllte das Gastformular aus, unterschrieb. Sie musste an ihr Lieblingshotel in Paris denken, an ihre Hochzeitsreise, die Kinder waren noch nicht geboren gewesen. Sie hatten nah beieinander am Empfang gestanden, und während sie beide ihre Personalausweisnummern abschrieben, war sie aus ihrem Schuh geschlüpft und hatte ihren nackten Fuß an seiner muskulösen Wade gerieben. Sie hatten es kaum bis aufs Zimmer geschafft damals. Jetzt fühlte sie sich ganz fremd, in ihrer Verkleidung, in ihrem verloren gegangenen Hass.

Ein leises *Pling* ertönte, eine Aufzugtür öffnete sich, ein älteres Paar kam heraus. »Aber du hast behauptet, die Mandelblüte wäre *jetzt*«, sagte die Frau in vorwurfsvollem Ton. Ihr Begleiter verzog das Gesicht. »Nein, die Frau in der Tourist-Information hat mir erklärt, sie kann es ein halbes Jahr vorher auch nicht auf den Tag bestimmen.«

Frank war fertig an der Rezeption, stand mit hängenden Armen im Raum. Martina ging voraus zum Aufzug, der noch offenstand, der Geruch des älteren Paares, ein schwacher Duft von Eau de Toilette, hing in der Luft. »Wie kommt man von hier aus zur Burg?«, hörte Martina die Frau noch fragen, dann fuhren sie schon nach oben.

Sie durchquerten einen Flur in der zweiten Etage. Der königsblaue Teppich mit einem Muster aus goldenen Krönchen verschluckte das Geräusch ihrer Schritte. Frank öffnete das Zimmer, sie traten ein. Er warf sein Jackett und die Reisetasche auf einen Sessel. Diagonal ragte ein Doppelbett mit weinroter Satinwäsche und einem Baldachin aus Tüll in den Raum. Innen an der Türklinke hing ein »Bitte nicht stören«-Schild.

»Und? Gefällt es dir?«, fragte sie laut. »Ist sicher nicht leicht, für diese Anlässe das Richtige zu finden.«

Er trat zu ihr. »Martina ...«, begann er wieder. Leise. Zögernd.

Seinem Hemd, das sie gestern gebügelt hatte, gestern, als sie noch Martina war, die immer mittwochs die Hemden bügelte, entströmte der vertraute Geruch, ein Gemisch aus Zigarettenrauch, seinem Schweiß und dem Duft des Weichspülers. Diese Nähe war gefährlich. Sie hielt den Atem an. Ihre gemeinsame Zeit lief ab, mit jeder Sekunde wurde aus Liebe Vergangenheit.

Jemand klopfte. Frank öffnete, reichte ein Trinkgeld hinaus, nahm ein Tablett entgegen, eine Flasche in einem Weinkühler und zwei Gläser. Er öffnete den Wein, goss einen Probeschluck ein, trat ans Fenster, schwenkte ihn und betrachtete die hellgelbe Farbe. Er steckte die Nase ins Glas, schnupperte, kostete, schnalzte, schluckte. Er berührte das zweite Glas. »Möchtest du?«

44

Martina warf einen Blick auf das Etikett, sah das kunstvoll verschnörkelte Wappen von Bürklin-Wolf. Wachenheimer Riesling. Ganz sicher ein besonderer Tropfen. Er ließ sich den Spaß was kosten. »Bestellst du den jedes Mal?«

»Blödsinn.« Er runzelte die Stirn. »Ich war noch nie hier drin.«

Also jedes Mal ein anderes Hotel. Klar, schon der Diskretion zuliebe. Und die dazu passenden regionalen Spitzenweine. Fiel ihm als passioniertem Weinkenner bestimmt nicht schwer. Einen Weißburgunder vom Laumersheimer Kirschgarten, einen Riesling vom Birkweiler Kastanienbusch, oder vom Dirmsteiner Mandelpfad ... Große Lagen, für Franks große Sommelier-Show. Beeindruckend.

»Wie oft hast du das schon gemacht?« Sie sah kurz hinüber zu dem Himmelbett.

»Martina ...«

»Martina, Martina ...!«, machte sie ihn nach. »Vergiss sie. Sie existiert nicht mehr.« Eine Wolke des fremden Parfums, das sie aufgetragen hatte, stieg ihr in die Nase. Sie nahm ihm das Glas ab, stellte es weg, griff nach seiner Hand und legte sie um ihren Nacken. Seine Finger befühlten die künstlichen Strähnen. Er atmete schwer, sein Bauch hob und senkte sich. Er schüttelte den Kopf und beugte den Nacken wie ein Stier in der Arena, den die ersten Lanzenstiche der Picadores provozieren. »Was willst du?«

»Mach alles wie sonst. Wie mit den anderen«, flüsterte sie.

Ein Ruck ging durch seinen Körper. Er fasste ihr Handgelenk und führte sie ins Bad. Cremefarbene Kacheln reichten bis zur Decke, ein Spiegel nahm fast die gesamte Breite der Wand über den beiden Waschbecken ein. Er knöpfte sein Hemd auf, streifte sein T-Shirt über den Kopf und ließ beides achtlos auf den Boden fallen. Sie zog ihre Jacke aus. Das Licht war grell, ihr Gesicht unter der blonden Mähne wirkte zu klein und sah fahl aus. Der schwarze BH gab ihren Brüsten eine schöne Form, aber sie hasste ihre zu breite Taille. Sie wandte ihrem Spiegelbild den Rücken zu.

Er küsste sie auf den Mund. Seine Hände glitten über ihren Rücken, nestelten am Verschluss des Büstenhalters, streiften ihn ab. Er öffnete ihre Hose, sie zog sie aus und den Slip gleich mit.

Er trat einen Schritt zurück und betrachtete sie. »Du bist wunderschön, Orchidee«, sagte er heiser. Dann strich er mit den Fingern über ihre Brüste, über ihren Bauch hinab bis zum Schamhaar.

»Warte.« Er verließ das Bad, kam mit einem schwarzen Kulturbeutel zurück, den sie zu Hause noch nie gesehen hatte, nahm eine Spraydose und einen Einwegrasierer heraus.

»Was wird das?«, fragte sie.

»Wie mit den anderen«, sagte er. »Das wolltest du doch.« Sein Mund verzog sich zu einem Lächeln, dazu wieder sein Blick von unten herauf, misstrauisch, prüfend und gleichzeitig bittend, Pupillen, die auf dem unteren Rand der Lider schwammen.

Er schüttelte die Dose und sprühte weißen Schaum auf ihr Schambein, es fühlte sich kühl an und knisterte. Seine Bewegungen waren ruhig und sicher. Er nahm den Rasierer und zog ihn über das nasse Haar, den Schaum ließ er auf den Boden der Badewanne fallen.

Sie sah nicht an sich hinunter, hörte nur auf das Schaben der Klinge. Schließlich hielt er inne, warf den Rasierer ins Waschbecken, deutete zwischen ihre Beine. »Komm, wir waschen das Zeug ab.«

Sie stieg in die Wanne, wartete regungslos, bis er vor ihr stand, den Duschschlauch hob, die Temperatur regelte und lauwarmes Wasser über ihren Körper fließen ließ. Sie beobachtete die Rinnsale auf dem Weg in den Abfluss, Schaum und Haar klumpten zusammen wie schmutziger Schnee.

Sie wollte nach einem Handtuch greifen, doch er legte einen Arm um ihren Rücken, mit dem anderen griff er unter ihre Kniekehlen, hob sie hoch und trug sie zum Bett. Sie spürte die Kühle der glänzenden Tagesdecke unter sich. Er kniete über ihr. Sie schloss die Augen und zog ihn zu sich herunter. Sie hatte fast vergessen, wie das war mit ihm. Es tat weh. Heute wollte sie den Schmerz als eine verdiente Strafe akzeptieren, eine vorgezogene Sühne für das, was sie später tun würde. Er hielt die Augen auf einen Punkt an der Wand über ihr gerichtet, das Gesicht kantig, die Kiefer fest ineinander verbissen, er keuchte im Rhythmus seiner Stöße, war ganz bei sich. Ohnmächtig seinen Bewegungen ausgeliefert, kam ihr Hass zurück. Die Demütigung, ihr Ekel und ihr Widerwille verdichteten sich zu einer Intensität, zu einer neuen Art von Schmerz, wie sie ihn noch niemals gefühlt hatte. Er hielt inne, sank mit einem Stöhnen auf sie herab, rollte sich dann zur Seite. Sie setzte sich langsam auf und betrachtete ihn. Jede Spannung war aus ihm gewichen, sein Körper glich einer Landschaft aus sanften Hügeln und Tälern.

»Noch einen Schluck Wein?«

Er brummte zustimmend, den Kopf auf seinen angewinkelten Arm gebettet, den Blick von ihr abgewendet. Sie stand mit wackeligen Knien auf, goss beide Gläser halbvoll.

»Wir können eine Kiste davon mitnehmen, das Weingut liegt auf dem Weg«, murmelte er in seine Armbeuge hinein, ohne sich umzudrehen.

Was stellte er sich vor? Dass sie gemeinsam die Rückfahrt antraten, im Autokorso zu Bürklin-Wolf? Vielleicht noch eine Weinprobe einlegten? Er dachte das wirklich.

Sie ließ ihn nicht aus den Augen. Er lag da, ohne sich zu rühren. Sie nahm das winzige Fläschchen aus ihrer Handtasche und ließ einige Tropfen in sein Glas fallen. »Hier.«

Jetzt drehte er sich zu ihr, nahm das Glas.

»Auf uns.« Sie hoffte, dass er das Zittern in ihrer Stimme nicht bemerkte.

Er führte sein Glas zum Mund, hielt inne, grinste. Raspelte mit dem Finger über ihr kurz geschorenes Schamhaar. »Was meinst du, Orchidee? Wird das deinem Mann gefallen?«

»Er wird es nicht erfahren«, sagte sie.

Er nahm einen Schluck. Sie hielt den Atem an. Schmeckte er den Unterschied? Wann setzte das erste Unwohlsein ein, die Übelkeit, das Ziehen in der Magengegend, die Vorboten der schrecklichen Schmerzen, die noch auf ihn warteten?

Er seufzte genussvoll. »Ein köstlicher Tropfen.«

Sie wollte aufstehen, ins Bad gehen, sich anziehen.

»Bleib hier. Lass mich nicht allein.« Er griff nach ihrer Hand, zog sie aufs Bett zurück und vergrub sein Gesicht in ihrem Haar. Seine Umarmung war viel zu fest. Er bedeckte ihr Gesicht mit Küssen, hob den Kopf, sein Atem ging schnell. Er befreite ihren Hals von den Haarsträhnen, ließ einen Finger über ihre Haut wandern, vom Kinn abwärts, legte seine Hand sanft auf ihre Kehle. Sie sah in seine Augen, die Pupillen waren schwarz wie Tollkirschen. »Wie mit den anderen«, flüsterte er. »Das wolltest du doch, oder?«

Dann drückte er zu.

Zu diesem Kurzkrimi passt hervorragend ...

ein 2016er Riesling trocken aus dem Hause Dr. Bürklin-Wolf in Wachenheim. Die Trauben für diesen Cuvée stammen aus den hervorragenden Rieslinglagen in Wachenheim, Deidesheim und Ruppertsberg.
www.buerklin-wolf.de

und ein Selfie vor der – vom Mainzer Künstler Ulrich Schreiber geschaffenen – Stele »Schönste Weinsicht«. Sie ist drei Meter hoch, wiegt fast 470 Kilogramm und steht weithin sichtbar am Rande der Weinlage »Altenburg«. Von dort kann man über die Lage »Schloßberg« zur Festungsruine schauen. In die massive Platte sind »Löcher« in Form einer stilisierten Traube geschnitten. Diese geben den Blick frei auf die Ruine der Wachtenburg mit den Terrassenweinbergen darunter.

Harald Schneider

Mörderisches Klassentreffen

Geschafft. Ich bin wieder hier. Zum dritten Mal in Folge. Beinahe hätte es dieses Jahr nicht geklappt, weil die Veranstaltung im Bad Dürkheimer *Katharinenhof* bei meinem Anruf bereits fast ausverkauft war. Und dabei freue ich mich seit Langem auf diesen Tag. Heute wird es passieren. Endlich. Mein Plan ist perfekt.

Vor vielen Jahren hatte ich meine Pfälzer Heimat verlassen und bin nach Lübeck gezogen. Nie mehr wollte ich zurückkehren, zu viel Leid hatte ich in meiner Kindheit und Jugend ertragen müssen. Doch irgendwann hielt ich es im kühlen Norden nicht mehr aus und zog zurück in die Pfalz. Ich sehnte mich nach dem Pfälzer Wald, den vielen Weinfesten und der lockeren Mentalität der meisten Bewohner. Natürlich sehnte ich mich auch nach Rache.

Ich bin früh gekommen dieses Jahr, als einer der ersten Gäste betrete ich den großen Veranstaltungsraum mit seiner angenehmen Akustik. Mit dem Wirt und dem Küchenchef habe ich mich im letzten Jahr angefreundet. In der Küche haben wir ein paar Minuten Zeit, um über das vergangene Jahr und die heutige Lesung zu sprechen. Benny, der Koch, zeigt mir die vorbereiteten Speisen, die nachher in den Pausen zwischen den Lesungspassagen serviert werden. Als

Hauptspeise wird es Winzerkäse, eingelegten Weinkäse, Leberwurstcreme, Schwartenmagenröllchen und Bratwurstspieß geben.

Am Ende wird dieser Abend *mein* Abend sein. Nur weiß das noch niemand. Wenig später erscheint der Autor Harald. Ich begrüße meinen ehemaligen Klassenkameraden freundlich und wünsche ihm viel Erfolg mit seinem neuen Palzki-Krimi.

Mehrere Bedienungen bieten den Gästen Secco rot und leckere Häppchen zum Appetitanregen an. In wenigen Minuten wird die Lesung beginnen. Ich bin völlig entspannt. Noch.

Zu Autorenlesungen gehe ich erst seit zwei Jahren. Kurz nach meiner Rückkehr in die Pfalz traf ich zufällig Klaus auf einem Ludwigshafener Fest. Er war in meiner Klasse gewesen und wohnte nur ein paar Häuser von uns entfernt. Er war einer der wenigen, mit denen ich mich während meiner Schulzeit gut verstanden hatte. Klaus erzählte mir von Harald, der ebenfalls in unsere Klasse gegangen war und sich in den letzten Jahren zu einem pfalzweit bekannten Krimiautoren entwickelt hatte. »Anfang November liest er in einem Weingut anlässlich des Pfälzer Krimiwochenendes«, sagte er und fragte mich, ob ich mitkommen wolle. Zunächst zögerte ich, da das Verhältnis zu Harald wie zu fast allen anderen Klassenkameraden damals nicht gerade herzlich gewesen war. Ich ließ mich überreden.

Der Krimiabend vor zwei Jahren gefiel mir sehr gut. Die vorgetragenen Passagen fand ich spannend und humorvoll. Harald, der mich sofort erkannt hatte, begrüßte mich sehr freundlich. Kein Vergleich mit damals. Seine Erwachsenenkrimireihe rund um den skurrilen Kommissar Palzki scheint in der Kurpfalz gut anzukommen, die Veranstaltung war seit Wochen ausverkauft. Zwischen den einzelnen Leseabschnitten gab es ein leckeres Vier-Gänge-Menü. Doch der Abend bot noch eine weitere Überraschung für mich: Auch Peter und Mike, ebenfalls frühere Klassenkameraden, waren bei der Lesung zugegen. Ich fühlte mich sehr unwohl, als Klaus sich zu den beiden setzte und mich aufforderte, es ihm nachzutun. Aber im Laufe des Abends bemerkte ich, dass die beiden sich seit der Schulzeit charakterlich grundlegend geändert hatten. Wir erzählten zwar von früher und den zahlreichen Streichen, tauschten Anekdoten aus, die unliebsamen Geschichten blieben aber unerwähnt. Dafür war ich ihnen sehr dankbar.

Im letzten Jahr trafen wir uns erneut im *Katharinenhof* zur Autorenlesung von Harald. Da von ihm jedes Jahr mindestens ein neues Buch erschien, konnten wir uns auf ein neues und spannendes Abenteuer freuen. Im Laufe des Jahres hatten Klaus und ich weitere Ehemalige gefunden und sie aufgefordert, zu dem Krimiabend zu kommen. Harald war begeistert, und es war schon fast wie ein kleines Klassentreffen.

Und heute? Im letzten Jahr war es nur eine fixe Idee, doch dann wurden meine Gedanken immer konkreter. Es hatte eine Weile gedauert, bis mein Plan gereift war, doch meine Ausdauer wird belohnt werden. Hier in diesem Weingut wird es passieren. Fast die ganze

Klasse von früher ist an diesem Abend anwesend, der Raum ist proppenvoll. Gerade werden die Teller der Vorspeise abgeräumt. Harald geht vor zur Theke und beginnt mit der nächsten Lesepassage.

Ja, Journalist oder Schriftsteller wäre ich auch gerne geworden. Lange Zeit war dies mein Traumberuf. Reich sein, berühmt sein, das wäre zu schön, um wahr zu sein. Und dementsprechend hat sich der Traum auch nicht verwirklichen lassen. Doch heute werde ich mich für alles rächen. Ich habe ein einmaliges Motiv. Und das ist wörtlich zu nehmen.

Vorne steht Harald und liest aus seinem Buch, doch folgen kann ich ihm dieses Mal nicht. Ich bin inzwischen viel zu angespannt und geistig abwesend. Erst am Applaus bemerke ich, dass er fertig ist. Nun wird der Hauptgang serviert. Schwartenmagen habe ich noch nie gemocht, doch der Käse, die Leberwurstcreme und die Bratwurstspieße sind ein Gedicht. Der Wirt geht durch die Reihen und empfiehlt den passenden Wein.

Fast wie ein Klassentreffen, das trifft den Nagel auf den Kopf. Die Ersten beginnen, vergilbte Fotos auszupacken und herumzureichen. Jeder zweite Satz beginnt mit »Weißt du noch?« oder »Weißt du, was XY macht?«.

Heute ist es so weit, der krönende Abschluss meines verpfuschten Lebens. Morgen werden alle über mich und meine Tat sprechen, ja, mich bewundern. Leider werde ich dann nicht mehr leben, aber das macht mir nichts aus. Dafür werde ich für immer berühmt sein.

Warum hat er mir das antun müssen? Warum? Seit meiner Kindheit leide ich unter seiner damaligen Willkür und den vielen Demütigungen. Wie einbetoniert sitzt diese Schmach in meinem Gehirn fest. Klar, ich hatte es damals auch mit psychologischer Hilfe versucht. Tabletten sollte ich schlucken, ein ganzes Leben lang. Nein, mein Plan ist besser. Und heute, heute findet das grandiose Finale statt.

Ich schrecke hoch. Harald liest schon längst wieder, und beinahe hätte ich die letzte Sequenz verpasst. Ausgerechnet die Ackermann-Passage, die von Palzkis redseliger Nachbarin handelt, die Harald in einer atemberaubenden Geschwindigkeit vor sich hin schnattert. Hier ist seine volle Konzentration erforderlich, da er diese Textstelle mindestens dreimal so schnell vorliest, wie seinerzeit Dieter-Thomas Heck redete. Einer der Höhepunkte jeder Palzki-Lesung, wie ich inzwischen weiß.

Die Zeit verfliegt rasend schnell. Ich will doch diesen letzten Tag genießen. In allen Einzelheiten. Seit Jahrzehnten warte ich darauf. Niemand hasse ich auf dieser Welt mehr als meinen damaligen Deutschlehrer. Er, der mich ständig vor der Klasse lächerlich gemacht hat. Das hat wehgetan. Jeden Tag, und tut es noch immer.

Die Bedienungen bringen Bratwurstmuffins auf marinierter roter Bete und Kürbissalat. Ich lächle Herrn Denzer zu, meinem Deutschlehrer, den ich heute seit Jahrzehnten zum ersten Mal wiedersehe. Heute hat es geklappt. Mike, unser ehemaliger Klassensprecher hatte ihn eingeladen. Mike hat nicht gemerkt, dass ich ihm das bei einem Treffen vor ein paar Monaten suggeriert habe, als wir über Harald sprachen. »Wäre doch toll, auch ein paar Lehrer bei der Krimilesung in Bad Dürkheim dabeizuhaben. Wie wäre es mit Denzer, du hast doch noch Kontakt zu ihm?«

Ich hätte ihn beinahe nicht wiedererkannt, als er vorhin mit faltenüberzogenem Gesicht und gebeugtem Gang angeschlurft kam und freudig von seinen ehemaligen Schülern begrüßt wurde. Bei mir blieb er nur kurz stehen, dann klopfte er mir arrogant auf die Schultern und meinte: »Das war mir damals schon klar, dass aus einer Mimose wie dir nichts wird.« Und dann hatte er gelacht. Doch bald wird ihm das Lachen im Halse stecken bleiben. Er, der mein ganzes Leben verpfuscht hat, wird heute sterben. Meine Aufsätze hat er mit Ungenügend bewertet, genau wie die meisten Diktate. Angeblich, weil er meine Schrift nicht lesen konnte. Noch schlimmer war, dass er sich jede Stunde vor versammelter Klasse über meinen kleinen Sprachfehler lustig gemacht hat. Wenn ich als Schüler mutiger gewesen wäre, hätte ich ihn damals bereits umgebracht.

Inzwischen hat Harald den nächsten Leseteil hinter sich gebracht. Ich bin jetzt dermaßen aufgewühlt, dass ich nervös auf meinem Platz herumzapple.

Während der Wirt den Anwesenden für den Nachtisch einen geeigneten Wein anpreist, tragen die Bedienungen das Dessert herein. Es gibt Oma Katharinas Schokopudding old school auf Vanillecreme.

Lecker sieht das aus. Der Nachtisch, die Henkersmahlzeit, schmeckt wirklich vorzüglich. Ich bin noch beim Essen, da stehen die ersten Gäste auf, um bei Harald die Palzki-Krimis und die neue Anthologie der Pfalzwein e. V., die anlässlich dieses Krimiwochenendes erschienen ist, zu erwerben und von ihm signieren zu lassen. Auch das kostenlose Krimijournal wird von fast allen mitgenommen, in dem Bücher seiner Kollegen vorgestellt werden. Ich dagegen bin mit mir rundum zufrieden. Glücklich schnaufe ich mehrmals tief durch.

Die einzige Schwierigkeit ist längst gemeistert. Mein Kontakt zum Küchenchef Benny hatte sich als goldrichtig herausgestellt. Ich wusste schon vorher über das Menü Bescheid. Er hat keinen Verdacht geschöpft, als ich ihm sagte, dass ich ihm ein geniales Gewürz für die Bratwurstspieße mitbringen werde. Ja, der Hauptgang war es. Vergiftet, aber schlau vergiftet: Die tödliche Wirkung setzt erst in ein paar Stunden ein, dann, wenn die Gäste und mein ehemaliger Deutschlehrer längst wieder zu Hause sind. Zunächst fängt es mit leichten Magenschmerzen an, doch dann ...

Es ist zwar nicht möglich, nur Herrn Denzer zu töten – doch im Grunde macht es das noch besser. Auf einen Schlag werde ich nicht nur ihn, sondern auch all jene los, die damals ebenfalls ihren Beitrag zu meiner Situation geleistet haben, indem sie mir nicht halfen, sich sogar mit Denzer über mich lustig machten. Meine ganze trübselige Vergangenheit wird heute ausradiert.

Ich selbst habe den Hauptgang ebenfalls gegessen. Längst sind wir alle damit fertig. Die Tat ist vollbracht. Heute früh habe ich meine Geschichte niedergeschrieben und an mehrere Tageszeitungen und Radiosender geschickt. Morgen werden alle die Wahrheit erfahren. Alle, die dann noch leben. Niemand in diesem Raum wird dazugehören.

Zu diesem Kurzkrimi passt hervorragend ...
ein Menü im Bad Dürkheimer Katharinenhof und dazu ein 2016 Dürkheimer Rittergarten Riesling trocken »TRADITION« vom Weingut Hauer.
www.katharinenhof-hauer.de
oder ein 2015er Ruppertsberger Linsenbusch Weißburgunder trocken Pfalz vom Weingut Köhr aus Ruppertsberg.
www.weingut-koehr.de

Danach ein Spaziergang zur Burgruine Limburg, die eines der größten Baudenkmäler frühsalischer Baukunst ist. Sie ist Kulisse für Hochzeiten, aber auch für Konzerte und Theateraufführungen.
www.bad-duerkheim.com/sehenswuerdigkeiten/klosterruine-limburg.html

Heidi Moor-Blank

Maroni

Er sah auf sie hinunter, in ihre Augen, versuchte, ihren Blick festzuhalten, schaffte es aber nicht. Sie sah an ihm vorbei, ignorierte ihn, blickte beleidigt ins Leere.

Das Wochenende hatte so schön begonnen. Schon am Samstagnachmittag hatten sie sich mit Freunden am Brunnen in der Hauptstraße getroffen und waren zusammen zum Bahnhof gelaufen. Die Züge von Kandel nach Landau fuhren häufig, und so musste keiner später auf dem Fest nüchtern bleiben und Auto fahren.

Das Landauer Federweißen-Fest war eines der ältesten entlang der Weinstraße. Mitten in der Stadt, auf dem Rathausplatz, wurde Wein für jeden Geschmack ausgeschenkt, vor allem aber der Namensgeber des Festes, der »Neie«. Der frisch gelesene Most, noch trüb von der Hefe, leicht warm vom Gärvorgang – ungestüm und jung brachte er verschlossene Kanister zum Platzen und Trinker zum Torkeln.

Er selbst mochte diesen neuen Wein nicht. Dieses hinterhältige Gesöff, das so harmlos daherkam und einem dann so gemein die Beine wegzog. Der ganz frische, der noch nach Traubensaft schmeckte, ging ja noch. Aber der ältere roch wie eine Mischung aus frischem Hefekuchen und Kotze.

Und genauso war er auch.

Lecker und widerlich in einem.

Lieblich und gemein.

So wie Silke, die jetzt vor ihm auf dem Waldboden lag und schweigend in den Himmel starrte.

Gestern hatte sie noch geredet – viel geredet – und gelacht und schon im Zug getanzt. Als eine überraschende Fahrkartenkontrolle kam, hatte sie sofort gemerkt, dass Andy bleich wurde. Und sofort alle Monatstickets der Clique eingesammelt und den Schaffner direkt schon auf dem Flur damit empfangen.

»Guten Tag! Hier, wir arbeiten alle in Landau, haben alle einen Dauerfahrschein!« Sie hatte sich umgedreht und eine kurze Handbewegung gemacht.

»Von hier bis hier, neun Leute, alle auf dem Weg zum Weinfest!« Der Kontrolleur hatte kurz über die Sitzreihen und dann auf die wie ein Kartenspiel aufgefächerten Fahrscheine in Silkes Hand geschaut.

Silke war mit ihrem Zeigefinger über die Papierstücke geglitten. »Siehst du, alle Oktober, alles in Ordnung.«

Dann hatte sie aufgesehen, ihn angelacht und gefragt: »Kommst du auch noch aufs Fest, nachher, nach Feierabend?«

»Ich hab erst morgen frei. Aber vielleicht seh ich dich mal auf dem Weg zur Arbeit? Wann fährst du morgens immer?«

»Och, mal so, mal so.« Schnell hatte sie die neun Monatskarten in die Jeanstasche geschoben und aus dem Fenster gesehen. »Oh, Landau, Leute, wir müssen los!«

Draußen auf dem Bahnsteig hatten alle losgelacht. Die Masche hatte funktioniert, der Schaffner hatte vergessen, Silke mitzuzählen. Andy drückte sie kurz und gab ihr ein Küsschen auf die Wange. »Du hast dir den aber auch zurechtgeflirtet ...! Der hätte jeden Kassenzettel akzeptiert!«

Alle hatten gejohlt und gelacht.

Und in ihm drin hatte es rumort, wie schon so oft.

Er hatte Neid gespürt auf ihre lockere Art, ihre Fähigkeit, Menschen für sich einzunehmen, gleichzeitig aber auch Stolz, weil sie *sein* Mädchen war und mit *ihm* Hand in Hand durch die Landauer Fußgängerzone lief.

Dann war der Rathausplatz erreicht und die ersten Schoppengläser kreisten. Er hatte sich eine Schorle aus »altem« Wein geholt.

Silke mochte den neuen Wein und schaffte es auch immer, rechtzeitig aufzuhören.

Sie war rübergegangen zu dem Stand mit den heißen Maroni und hatte eine kleine Tüte gekauft. Als jeder aus der Clique mal reingegriffen hatte, waren sie alle.

Er selbst hatte keine abgekriegt.

»Egal«, hatte Silke gesagt, dabei ganz breit gelächelt und sich weit über den Stehtisch zu ihm rübergebeugt. »Hol ich eben neue!«

Sie hatte es ihrer Freundin zugeflüstert und ihr dabei zugezwinkert und dann eine kleine Kopfbewegung zu dem Maroniwagen gemacht.

Die Freundin sah rüber, kicherte und nickte. »Ich komme mit!«

Er mochte seine Eifersucht nicht. Trotzdem musste er den Blicken der beiden jungen Frauen folgen. Starrte hinüber zu dem Röstofen, zu dem Verkäufer, der jederzeit auch als Model sein Geld hätte verdienen können.

Er schloss die Augen.

Lass sie ein bisschen flirten. Sie ist so und hat Spaß daran – es hat nichts zu bedeuten!

Wie ein Mantra ließ er diesen Gedanken immer wieder abspulen.

Als er die Augen öffnete, war Silke wieder da. Hielt ihm die Tüte hin.

»Hier, Schatz, damit du nicht wieder leer ausgehst! Such dir die größte und schönste aus!« Sie hauchte ihm einen Kuss auf die Wange und strahlte ihn an. Er nahm sie in den Arm, streichelte ihren Rücken und flüsterte »Ich liebe dich!« in ihre Halsbeuge. Sie legte den Kopf in den Nacken, sah ihm in die Augen und küsste ihn wieder.

Ganz kurz auf den Mund, dann länger, dann wieder kurz und noch mal kurz. Di-Daa-Di-Dit!

Dieses Morsezeichen für L hatte den gleichen Rhythmus wie »Ich liebe dich!«.

Und immer dann, wenn Worte nicht passten, zu kitschig waren, Stille herrschte oder es zu laut war, immer dann nutzten sie dieses kleine, geheime Zeichen. Im Kino, in der Disco und unter Freunden, wie jetzt gerade.

Er lächelte sie an, ließ sie los und atmete ganz tief aus. Alles war gut. Das miese Gefühl war verschwunden, und als er jetzt noch mal zu dem Maroniverkäufer rübersah, war er ganz entspannt. Der konnte ihm nicht gefährlich werden. Das zwischen Silke und ihm war so stark, so groß – es gab keine Gefahr.

Dann griff er in die Tüte, angelte sich eine Maroni heraus und begann sie zu schälen.

Diese Früchte der Esskastanie schmeckten ein bisschen nach Nuss und ein bisschen nach Kartoffel. Die angeschnittene Schale hatte sich im Röstofen gelöst und konnte leicht abgestreift werden.

Die »Keschde« und »de Neie« passten perfekt zusammen.

Sie lag schweigend vor ihm, starrte immer noch an ihm vorbei. Er hatte alles kaputt gemacht.

»Warum musstest du denn noch zehnmal zu diesem Maronischönling gehen? Du standest doch später mehr bei ihm als bei unserer Clique«, flüsterte er. »Ich liebe es sehr, dass du solch ein Schmetterling bist, aber gleichzeitig ertrage ich es nicht!«

Tränen schossen in seine Augen, und er zog die Nase hoch.

Er sah sich um.

Hier konnten sie nicht bleiben. Sie mussten tiefer in den Wald.

Er hatte sie gleich morgens mit einem Frühstück im Bett überrascht und ihr dann seinen Plan erzählt:

»Wir gehen Kastanien suchen! Hier im Wald gibt es ganz viele Stellen, an denen Esskastanien wachsen, und die sammeln wir und rösten die dann und essen so viele, bis wir platzen!«

Sie hatte laut losgelacht und eifrig genickt.

Offensichtlich hatte sie ihm seinen peinlichen Auftritt am Abend vorher verziehen. Betrunken und voller Eifersucht hatte er ihr die letzte Maronitüte aus der Hand geschlagen, als sie sie ihm hingehalten hatte.

Eine Ewigkeit hatten sie sich angestarrt, dann hatte Silke sich nach vorne gebeugt und gezischt: »Heb die wieder auf!«

Auf den Knien war er vor ihr über das Kopfsteinpflaster gerutscht und hatte die Maroni eingesammelt. Als er wieder hochgekommen war, war Silke weg gewesen.

Der Maroniwagen auch.

Brüllend war er über den Platz gelaufen, bis ihn ein Kumpel eingefangen hatte und mit sich zog zum Rest der Clique.

Erst auf dem Weg zum Bahnhof flüsterte ihm Andy zu: »Mann, krieg dich wieder ein! Silke hat die Gläser zurückgebracht und das Glaspfand abgeholt! Das nervt echt so langsam!«

Nach dem Frühstück waren sie in den Pfälzer Wald gefahren.

Unten am Parkplatz hatte er den Rucksack geschultert und sich gleich ins Gebüsch geschlagen. Silke folgte ihm und hatte schnell gelernt, nach oben zu sehen und die Bäume mit den schmalen Kastanienblättern anzusteuern. Der Berg war steil, und Silke war enttäuscht über die Ausbeute und die kleinen Kastanien, die sie mühsam aus den heftig stachelnden Fruchthüllen schälten.

»Och Mann! Die sind ja winzig! Die von Giovanni gestern waren doch mindestens dreimal so groß!«, maulte sie.

»Die sind auch aus Italien! Die werden dort einfach größer. Da kann dein Don Juan absolut nichts für«, gab er zurück.

Silke drehte sich um, stieg weiter den Berg hinauf und sah kurz über ihre Schulter zu ihm zurück.

»Tja«, meinte sie dann gespielt schnippisch, »manchmal kommt es eben doch auf die Größe an!«

Wütend hatte er in die Sammeltüte gegriffen, eine Handvoll Kastanien rausgeholt und sie nach ihr geworfen.

Sie hatte sich umgedreht und mit den Augen gerollt.

»Was soll das denn jetzt? Ist doch schade drum!«

»Du kannst sie ja aufsammeln! Wenn sie dir nicht zu klein und mickrig sind. Kannst auf den Knien rutschen und sie aufsammeln!« Seine Stimme war laut geworden und herrisch.

Silke hatte den Kopf geschüttelt und sich wieder dem Hang zugewandt. »Hat dich das geärgert, ja? Wirfst du lieber Sachen in den Dreck? Die Kastanien und uns?«

Sie stapfte los, weiter nach oben, den Blick suchend auf den Boden gerichtet und murmelte: »Du eifersüchtiger Idiot! Du mickriger, kleiner, eifersüchtiger Idiot!«

Als sie sich niederkniete, um einen der grünbraunen Stacheligel mit einem Stock zu öffnen, war da plötzlich dieser Sandstein in seiner Hand.

Und dann lag Silke da mit dieser riesigen Wunde am Hinterkopf.

Er hatte sie auf den Rücken gedreht.

Sie war still und starrte an ihm vorbei in den Himmel.

Er hatte ihre Hand genommen, sie festgehalten, sie gedrückt in ihrem geheimen Rhythmus – kurz-lang-kurz-kurz –, aber Silke hatte nicht reagiert.

»Silke, du musst mir verzeihen! Bitte! Du hast mir doch immer verziehen!«, bettelte er und streichelte ihre Hand.

Weiter oben sah er ein dichtes Unterholz. Dort wollte er sie hinbringen, ablegen, verstecken. Er zog und zerrte den leblosen Körper über Moos und altes Laub, bis er an einem sehr dicken Baumstamm ankam. Erschöpft ließ er sich auf den Boden sinken und lehnte sich mit dem Rücken an das Holz.

Er sah nach oben.

Die Krone war weit und voll – der Baum musste uralt sein.

Als er den Blick auf den Boden richtete, sah er die Früchte des Riesen. Braun glänzend, fast so groß wie Tischtennisbälle, lagen sie dicht an dicht – die größten Esskastanien, die er in diesem Wald je gesehen hatte.

Zu dieser Geschichte passt hervorragend ...

natürlich ein »Neier«. Aber selbstverständlich auch ein »Alter«, also ein gereifter Wein, wie zum Beispiel der Riesling Gutswein vom Weingut Münzberg aus Landau, der durch seine lebendige Frucht und Mineralik pur oder auch als Schorle eine perfekte Alternative zum Federweißen ist.

www.weingut-muenzberg.de

und ein Besuch des »Frank-Loebschen-Hauses« aus dem 17. Jahrhundert mitten im Zentrum von Landau. Wunderschöner Innenhof mit Weinstube und Dauerausstellung zur Geschichte der Landauer Juden (im 19. Jahrhundert Wohnhaus des Urgroßvaters von Anne Frank).

www.kulturzentrum-altstadt.de

Gina Greifenstein

Rosenkrieg

Dieses Jahr würde Beate ihn ganz bestimmt gewinnen, den Rosenwettbewerb der Schrebergartengemeinschaft am Lohgraben. Letztes Jahr hatte ihr diese verflixte Blattlausinvasion einen Strich durch die Rechnung gemacht, aber dieses Jahr sollten die vermaledeiten Biester keine Chance haben: Sie hatte mit allerlei Giften sowohl den Boden als auch die Pflanze behandelt – was der gestrenge Wettbewerbsausschuss allerdings niemals herausfinden durfte, denn hier in der Schrebergartenkolonie waren Gifte und Pestizide jeglicher Art verboten. Würde es herauskommen, wäre nicht nur der angestrebte Rosenpokal dahin, Beate würde auch ihre heiß geliebte Parzelle hergeben müssen. Ihre Blattlauseinsätze tätigte sie daher stets im Schutze der Nacht, wenn alle anderen Schrebergärten verlassen waren.

Letzten Herbst hatte sie extra für den Wettbewerb eine wunderschöne Hochstammrose gepflanzt. Mit dieser elegant anmutenden Pflanze wollte sie gegen die eher bäuerlich-derben 08/15-Rosen ihrer Mitstreiter antreten und endlich den Pokal einheimsen. *Moonlight* hieß diese cremeweiß blühende, wunderbar duftende Züchtung. Ein wahrhaft passender Name, dachte sie kichernd, während sie hier im trüben Mondlicht stand und fast liebevoll die Zweige und Blätter mit dem Blattlausmittel besprühte. Zwei, drei Wochen noch, dann würden die zahlreichen, jetzt noch unscheinbaren Knospen, die von Tag zu Tag größer und praller wurden, aufplatzen und sich in üppige Blütenkaskaden verwandeln.

Am nächsten Morgen wurde Beate mit wildem Gekläffe aus der Nachbarparzelle begrüßt. Ein kleines, vierbeiniges, weißes Wollknäuel hüpfte wie ein Gummiball am Maschendrahtzaun auf und ab.

Oh, wie sie diese fiesen kleinen Kläffer verabscheute!

»Hallo, Frau Nachbarin!« Adalbert Möller, ihr ungeliebter Gartennachbar, winkte ihr fröhlich zu. »Das ist Bella«, stellte er ihr den Hund vor. »Ich hab sie von meinen Kindern bekommen, damit ich nicht mehr so alleine bin.« Er schenkte ihr einen dieser traurigen Blicke, die nur Männer zustande bringen. Und Hunde natürlich. Ein Blick, der aussagte – besser als Worte es jemals hätten ausdrücken können –, dass nur sie schuld an seiner Einsamkeit war, da sie ihn ja nicht hatte haben wollen.

Fassungslos starrte sie auf Herrn und Hund.

Nicht genug, dass dieser fette, ewig schwitzende Kerl im angeschmutzten Feinripp-Unterhemd und ausgebeulter Trainingshose ihr seit dem Tod ihres geliebten Heinrichs eindeutige Avancen gemacht hatte, jetzt hatte er auch noch einen Köter, der ihr auf die Nerven gehen würde!

»Willst du sie mal streicheln?«, fragte Adalbert, hob den Hund hoch und streckte ihn ihr einladend über den Zaun entgegen.

Dieses *Du*, das er in einem Ton der tiefsten Vertrautheit auszusprechen vermochte, bescherte ihr wie immer Unbehagen. In der Schrebergartenanlage war dieses *Du* ungeschriebenes Gesetz, alle waren hier per Du. Ein *Sie* schaffte Distanz, aber dieses plumpe *Du* nahm ihr jegliche Möglichkeit, sich unangenehme Mitmenschen wie diesen Möller auch verbal vom Hals zu halten.

»Nein, nein«, wehrte Beate brüsk ab und erwog, zu gehen und erst am späten Nachmittag wiederzukommen, wenn Möller und sein Hund hoffentlich schon zu Hause waren.

»Ach, komm schon, ich glaube, sie mag dich!«, drängte Adalbert und machte keine Anstalten, den Hund wieder auf den Boden zu setzen.

Es kostete sie größte Überwindung, hinüber zum Zaun zu gehen und den aufgeregt zappelnden Hund zu berühren.

Bella also.

Die Hündin sah sie unter einem weißen Haarschopf hervor aus kugelrunden rehbraunen Knopfaugen aufmerksam an.

Na ja, hübsch war sie ja dann doch irgendwie, dachte Beate; jedenfalls im Vergleich zu ihrem kurzatmigen, an manchen Stellen unappetitlich behaarten Herrchen im Unterhemd.

»Das ist unsere liebe Nachbarin Beate«, stellte Möller sie mit blödem Grinsen seinem Hund vor.

Beate hätte ihm am liebsten die Harke, die sie in der Hand hielt, über den Kopf gezogen!

Den Rest des Tages beschäftigte sich Beate mit Arbeiten am genau gegenübergelegenen Zaun, sie wollte nichts mehr von Bella und ihrem Herrchen sehen. Hören musste sie die beiden allerdings, insbesondere den Hund, der es für seine Lebensaufgabe zu halten schien, seine Umwelt mit lautem Gekläffe zu erfüllen.

Wie genoss Beate die Ruhe, als sie gegen zweiundzwanzig Uhr zurück in ihren Garten am Lohgraben kam und weit und breit kein Mensch oder Hund mehr zu sehen und vor allem zu hören war! Kein Hundegebell, kein Rasenmähergetöse – einfach nur Stille. Nur das Zirpen der Grillen und ab und an das Quaken eines Frosches in der Ferne. Ach, überlegte sie sich, so ein Schrebergarten auf einer einsamen Insel – das wäre es doch!

Zufrieden summend machte sie sich an ihre verbotene nächtliche Arbeit.

Am nächsten Tag ging Beate erst am Nachmittag in ihren Garten, denn sie wollte so wenig wie möglich von Adalbert und Bella mitbekommen.

Verwundert stellte sie fest, dass die Erde am Fuße des Rosenstämmchens nass war – hatte etwa einer ihrer übereifrigen Nachbarn ihre Rose gegossen? Aber nein, entschied sie, das war gar nicht möglich, das Gartentürchen war verschlossen gewesen, genauso wie sie es in der Nacht verlassen hatte. Bei all der an-

stehenden Arbeit und Bellas ununterbrochenem Gekläffe vergaß sie es schnell.

Tags darauf war der Boden unter dem Rosenbäumchen wieder feucht. Geregnet hatte es aber seit Tagen
nicht. Sie musste der Sache unbedingt auf den Grund
gehen!

Eine Woche lang wiederholte sich dieses Phänomen.
Egal, ob Beate nun mittags oder nachmittags in den
Garten kam, unter der Rose war es immer nass.

In der zweiten Woche war es dann so weit: Die ersten
Rosenknospen waren aufgesprungen und leuchteten
cremeweiß aus dem dunklen Grün der Rosenblätter
hervor.

Doch halt, was musste Beate da sehen: Die Rosenblätter waren gar nicht so grün, wie sie es hätten sein
sollen! An den Rändern waren sie gelblich verfärbt,
und an einigen Stellen kräuselten sie sich wie abge-
storben.

Mehltau?, überlegte sie verzweifelt. Nein, das konnte nicht sein, denn gegen Mehltau hatte sie mehr als
großzügig gespritzt.

Ein dunkler Schatten legte sich auf Beates Stimmung – würde es dieses Jahr am Ende wieder nichts
mit dem Pokal werden?

Zwei Tage später erkannte Beate dann schließlich des
Übels Wurzel: Gerade als sie durch das Gartentürchen trat, sah sie am anderen Ende ihres Gartens das

haarige, weiße Hinterteil Bellas unter dem Maschendrahtzaun hindurchtauchen, um wenige Augenblicke später aufgeregt wedelnd und bellend auf Adalberts Seite des Zaunes auf- und abzurennen.

Du mieses kleines Aas!, dachte Beate wütend.

Ein Blick unter die Rose bestätigte ihren Verdacht: Bella kam regelmäßig hier herüber, um an ihre wunderschöne Hochstammrose zu pinkeln. Kein Wunder, dass sich die Blätter gelb färbten!

Und sie fand auch das Loch, das dieser verflixte Köter unter dem Zaun hindurchgebuddelt hatte, um herübergelangen zu können.

Die wüstesten Beschimpfungen murmelnd, machte sich Beate daran, das Loch wieder zuzuschütten, und gab noch ein paar Schaufeln Erde obendrauf, damit dieses Vieh ja nicht wieder durchkommen konnte.

Bella saß derweil auf der anderen Seite des Zaunes und sah ihr mit schief gelegtem Kopf interessiert bei der Arbeit zu.

Neugierig kam Adalbert herbei und tat es seinem Hund gleich.

»Na, Frau Nachbarin, was gräbst du denn da so verbissen? Suchst du nach einem Schatz?«

»Dein Köter hat sich hier durchgebuddelt und pinkelt mir immerzu an mein Rosenstämmchen!«, zischte Beate ungehalten. Sie konnte seinen mehrere Tage alten Schweiß riechen.

»Hab dich doch nicht so wegen der paar Tropfen!«, lachte Möller dröhnend und machte eine wegwerfende Bewegung mit der Hand.

»Ach ja, nur ein paar Tropfen? Dann lass sie doch bei dir diese paar Tropfen machen!«, schnaubte Beate und stapfte strammen Schrittes zum Geräteschuppen.

Dieses Mistvieh würde nie wieder in ihren Garten herüberkommen, um sich zu erleichtern, das schwor sie sich.

Nach dem Abendessen rief Beate ihre Freundin Helga an.

»Hast du noch diesen Elektrozaun? Du weißt schon, diesen Drahtzaun, den du mal besorgt hast, als dir die Wildschweine immer den Gemüsegarten verwüstet haben?«

»Irgendwo muss der noch sein, müsste ihn suchen – warum? Hast du in deinem Schrebergarten ein Wildschweinproblem?«, wunderte sich Helga.

»Eher ein Hundeproblem. Dieser Köter vom Nachbarn hat meine Hochstammrose als Hundeklo auserkoren und dadurch ruiniert«, berichtete Beate.

»Er hat sie also quasi *uriniert*«, kicherte Helga über ihr Wortspiel. »Wie groß ist der Hund denn?«, fügte sie ernst hinzu.

»Was für die Handtasche.«

»Hm, dieser Zaun könnte ihm den Garaus machen – 12 Volt sind ganz schön heftig für so ein kleines Tier«, gab Helga zu bedenken.

»Dieses Risiko gehe ich ein«, antwortete Beate. Ihr war jedes Mittel recht, um ihr Bäumchen zu retten. Und wenn der Hund durch einen Stromschlag abnippeln sollte, dann wäre endlich wieder Ruhe in ihrer Parzelle.

»Also gut, ich suche ihn dir gleich raus«, versprach die Freundin.

Im Schutze der Nacht befestigte Beate wenig später den dünnen Draht des Elektroweidezaunes an ihrem Maschendrahtzaun. Das würde gar nicht auffallen, stellte sie zufrieden fest. Die tragbare Batterie versteckte sie zwischen ihren wuchernden Hortensien und schaltete das Gerät ein. Ha, sollte der Köter nur kommen – ihm würden Hören und Sehen und sicher auch das Buddeln von Tunneln vergehen!

Guten Mutes ging sie nach Hause.

Am nächsten Morgen fuhr Beate schon recht früh in ihren Schrebergarten. Sie fühlte sich angenehm beschwingt, denn wenn sie Glück hatte, war ihr Bella-Problem inzwischen schon gelöst.

Es war Montag und die Gärten waren fast verlassen.

Aber schon aus der Ferne hörte sie Bellas hysterisches Kläffen.

Der Hund war anscheinend noch nicht am Zaun gewesen.

Als Beate durch ihr Gartentürchen trat, sah sie den Grund für Bellas Aufregung: Adalbert lag mit dem Rücken zu ihr auf der Seite in seinem Garten und rührte sich nicht. Der bellende Hund umrundete ihn unentwegt.

»Was ist denn das für ein Lärm?«, rief Johann, ihr

Nachbar von der anderen Seite, und näherte sich neugierig dem Zaun.

Beate wurde heiß. Wenn Johann jetzt an den Zaun greifen würde ...

»Ruf schnell einen Krankenwagen, dem Adalbert scheint es nicht gut zu gehen!«, antwortete sie ihm aufgeregt.

Johann zückte sofort sein Handy und wählte. Um etwas verstehen zu können, musste er sich wegdrehen und sich ein paar Schritte von dem noch immer kläffenden Hund entfernen.

Diesen Moment nutzte Beate, um die Batterie abzuschalten und im Gartenhaus verschwinden zu lassen; niemand sollte schließlich von dieser Aktion erfahren!

Wenige Minuten später näherte sich der Krankenwagen mit dem schrillen Klang des Martinshorns. Zwei Sanitäter und ein Notarzt stürzten herbei, nur um festzustellen, dass Adalbert tot war.

Seine sterblichen Überreste wurden auf die Bahre gewuchtet und abtransportiert.

Beate wunderte sich wenig später, dass die Erde unter dem Rosenhochstämmchen wieder nass war, obwohl nichts darauf hindeutete, dass sich Bella wieder unter dem Zaun hindurchgebuddelt hatte.

Beate stand mit verschränkten Armen in ihrem Garten und schätzte die Entfernung von ihrem verkümmernden Rosenbäumchen bis hinüber zu Möllers Zaun ab. Ein Meter, vielleicht auch eins fünfzig. Konnte es etwa sein, dass Adalbert ...?, fragte sie sich – nein, das war doch absurd! Adalbert mochte etwas beschränkt und primitiv gewesen sein, aber er würde doch niemals ... quasi durch den Zaun hindurch ... und dann ...

Ihr Blick wanderte hinüber in Adalberts Garten, wo Bella ungewohnt still am Zaun saß und sie wissend, ja fast anklagend aus ihren Knopfaugen ansah.

Der Notarzt übrigens vermied es später, in seinem Bericht zu erwähnen, dass der Tote mit offenem Hosenstall aufgefunden worden war.

Wie? – Sie glauben nicht, dass ein erwachsener Mann durch eine 12-Volt-Batterie getötet werden kann?

Da haben Sie grundsätzlich natürlich recht. Todesursache war ja auch ein verschmorter Herzschrittmacher; ein Schaden wie durch Überspannung, ein Kurzschluss quasi. Für den obduzierenden Arzt war somit ein Blitzschlag die einzig logische Erklärung für den zerstörten Schrittmacher, auch wenn er die Eintrittsstelle als eher ungewöhnlich einstufte.

Doch die zuständige Wetterstation machte diese gewagte Theorie zunichte: Keine Gewitter in dieser Nacht, auch nicht am darauffolgenden frühen Morgen, also auch keine Blitze.

Daher wurde die Akte mit der etwas unbefriedigenden Diagnose geschlossen: Tod durch Herzstillstand.

Nur Sie, liebe Leserin, lieber Leser, und ich wissen also, wie der arme Adalbert Möller zu Tode kam. Wir sind somit Mitwisser einer Straftat, ja, wir machen uns dadurch der Mittäterschaft schuldig und könnten dafür tatsächlich ins Gefängnis wandern ...

Doch wenn wir die Nerven behalten, wenn wir nie auch nur ein Sterbenswörtchen darüber verlieren, dann wird die Wahrheit wahrscheinlich nie ans Tageslicht kommen. Ich zähle auf Ihre Verschwiegenheit!

Was aus Bella geworden ist, möchten Sie wissen? – Nun, die lebt jetzt bei Beate.

Ach ja, der Rosenpokal: Der ging zuletzt an Adalbert für seine Foribundarose – postum, versteht sich.

Aber diesmal, ein Jahr nach der Adalbert-Sache, hat Beate beste Aussichten auf einen Sieg: Ihre *Moonlight* ist ein wahrer Blütenrausch!

Wer allerdings kaum Gewinnchancen hat, ist Johann, Beates Gartennachbar auf der anderen Seite. Aus irgendeinem unerklärlichen Grund bekommen alle seine Rosen gelbe Blätter ... seltsam, nicht wahr?

Zu diesem Kurzkrimi passt hervorragend ...

ein Besuch des ehemaligen Landesgartenschaugeländes in Landau. Zwischen Cornichon- und Eutzingerstr., auf dem ehemaligen Kasernengelände, erfreuen sich nicht nur Landauer Bürger, sondern auch viele Besucher der Stadt an einem wunderbar angelegten Park.

www.bluehendes-landau.de

und ein Spätburgunder Rosé vom Weingut Stentz aus Landau, der nach Cassis, Himbeeren und Erdbeeren duftet und auch als 1,5-l-Magnum-Flasche erhältlich ist.

www.stentz.de

Wolfgang Burger

Rudis perfekter Mord

Es ist gar nicht so leicht, einen perfekten Mord zu begehen. Ein Mord wird schließlich nicht schon dadurch perfekt, dass man den Täter nicht fasst, denn so was passiert öfter, als man denkt. Nein, bei einem wirklich perfekten Mord kann ruhig jeder wissen, wer ihn begangen hat und wie – und trotzdem geht der Täter straffrei aus. Der Rudi Völkle ist einer der wenigen, denen das gelungen ist.

Das heißt nun nicht, dass der Rudi ein ungewöhnlich intelligenter Mensch wäre oder ein besonders heimtückischer. Vielleicht hat er vorher nur lange genug nachgedacht über seine Tat. Viele Morde werden bekanntlich im Affekt begangen, so auf die Schnelle, und das kann ja nichts werden. Der Rudi, der hat sich sehr viel Zeit gelassen, bevor er zugeschlagen hat. Wobei »zuschlagen« schon das falsche Wort ist, denn das klingt nach Gewalt, und der Rudi hat für seinen Mord nicht die geringste Gewalt gebraucht. Er hat sein Opfer nicht einmal berührt, und er ist zum Zeitpunkt der Tat viele Hundert Meter von ihm entfernt gewesen.

Rudis Opfer war der Doktor Wendlin. Ja richtig, der vom berühmten Weingut Wendlin, und es hat im Dorf eine Menge Leute gegeben, die am liebsten in die Hände geklatscht hätten, wie sie hörten, der Doktor sei tot.

Auch für den perfekten Mord braucht man eine Waffe. Rudis Waffe war natürlich der Wein, denn Wein ist zeitlebens das Einzige gewesen, womit der Rudi sich ausgekannt hat. Er ist auf einem kleinen Weingut zur Welt gekommen in dem Fachwerkhaus an der Markstraße, und er hat nie was anderes gelernt, als Reben zu pflanzen, zu schneiden, zu herbsten und die Trauben am Ende in die Genossenschaft zu fahren, zum Keltern. Und Wein zu trinken natürlich, darauf hat der Rudi sich auch immer ganz gut verstanden. Wie der alte Völkle tot war, hat der Rudi das kleine Gut geerbt, er ist ja das einzige Kind gewesen, und zur Überraschung des ganzen Dorfs hat er bald darauf die Regine von den Lafontaines geheiratet, das hübscheste Mädchen weit und breit. Damals hat alles danach ausgesehen, dass der Rudi zwar nicht reich werden würde, aber doch ein ruhiges und sicheres Leben führen dürfte. Und so wäre es vermutlich auch gekommen, wenn der Doktor Wendlin nicht gewesen wäre.

Der war damals schon in den Vierzigern, aber trotzdem oder gerade deshalb der gefürchtetste Schürzenjäger weit und breit. Er hat ja auch alles gehabt, was man den Frauen bieten muss: Geld wie Heu, ein großes Haus, das heute noch jeder im Ort »das Schlösschen« nennt, ein Mercedes-Cabrio. Blendend ausgesehen hat er außerdem, und vor allem ist er immer felsenfest von sich überzeugt gewesen, und das mögen die Frauen ja. Dazu kam, dass der Doktor, und das geben selbst seine ärgsten Feinde zu, ein verdammt gewiefter Geschäftsmann gewesen ist. Die Weine vom Doktor Wendlin sind nie auf dem Winzerfest ausgeschenkt worden und natürlich noch viel weniger am Straßenrand an knausrige Gelbfüßler verkauft worden. Seine guten Lagen hat er in wunderschöne Flaschen füllen lassen, mit allen möglichen silbernen und goldenen Preismünzen beklebt, und die Gelbfüßler sind mit ihren großen Kombis auf seinem Hof vorgefahren, haben im Gewölbekeller mit wichtigem Gesicht an seinen Probiergläschen geschnuppert, am Ende für teures Geld ganze Kisten davongeschleppt und sich auch noch eingebildet, sie hätten ein hervorragendes Geschäft gemacht.

Besonders stolz ist der Doktor Wendlin immer auf sein »Wendlins Herrgottsblut« gewesen, einen samtigen, schweren Spätburgunder, leuchtend wie Rubin und fast so teuer wie Cognac. Einen Wein, wie es ihn nicht mal in der Pfalz oft gibt. Billige Lagen hat er auch gehabt, die hat er immer an Aldi verkauft. Aber auf den Flaschen hat natürlich nie »Weingut Doktor Wendlin« gestanden.

Was den Doktor Wendlin arg gefuchst haben muss, war, dass die Regine den Rudi geheiratet hat. Sie war mal ein paar Wochen mit ihm gegangen, lange bevor sie den Rudi erhört hat, hat ihn dann aber von einem Tag auf den anderen sitzen lassen. Er soll irgendwas im Bett von ihr gewollt haben, das ihr nicht gefallen hat, haben die Leute später gemunkelt. Der Doktor hat's erst gar nicht glauben können und hat ihr noch lange nachgestellt. Und je öfter sie ihn hat abblitzen lassen, desto verrückter ist er auf die schöne Regine geworden.

So ist es vielleicht kein Wunder, dass der Doktor am Ende so einen Hass auf den Rudi gehabt hat. Am Tag der Hochzeit soll er ganz allein in seinem Gewölbekeller gehockt, unglaubliche Mengen »Wendlins Herrgottsblut« in sich hineingeschüttet und die gottlosesten Flüche gebrüllt haben.

Tja, und ab seinem Hochzeitstag hat der Rudi dann viel Pech gehabt. Manchmal echtes Pech, wie damals, wie die Gewitterfront ausgerechnet seine Hänge kurz vor der Lese zerhagelt hat, manchmal auch nur scheinbares, wie zum Beispiel als eines Nachts sein Traktor ganz von allein Feuer gefangen hat. Aber der Rudi ist keiner von denen, die schnell aufgeben. Er hat die Fäuste geballt, Kredite aufgenommen und weitergemacht.

Erst drei Jahre später war es dann aus mit ihm. Das war, wie man Rückstände von diesem verbotenen Spritzmittel in seinem Kerner gefunden hat. Der Rudi hat jeden Eid geschworen, dass er nie im Leben dieses Spritzmittel benutzt hat, aber das hat ihm natürlich nichts geholfen. Viele Hektoliter von seinem Wein mussten unter Aufsicht weggeschüttet werden, nicht mal Essig durfte man ja machen von dem Zeug, und der Rudi hat fast seine ganze Jahresernte verloren. Und dann hat ihm die Bank keinen Kredit mehr geben wollen, Regines Elternhaus war auch schon bis über die Dachrinne belastet, und so ist es dann zur Versteigerung gekommen.

Ein Architekt aus Kandel hat den Zuschlag gekriegt, der Preis war gar nicht mal so schlecht. Der Rudi ist auf einen Schlag schuldenfrei gewesen und hat sogar noch ein paar Tausend Euro übrig behalten. Und keine vier Wochen später haben sein Elternhaus an der Marktstraße und seine ganzen Weinberge auf einmal dem Doktor Wendlin gehört, ohne dass einer hätte sagen können, wie das zugegangen war. Von diesem Tag an hat der Doktor immer dieses Grinsen im Gesicht gehabt, wenn er den Rudi am Sonntag vor der Kirche getroffen hat. Damals muss es wohl gewesen sein, dass der Rudi beschlossen hat, ihn umzubringen.

Der Rudi hat sich dann eine Arbeit gesucht, gewohnt haben sie in Regines Elternhaus, und die Regine ist immer noch eine schöne Frau gewesen und eine gute dazu. Inzwischen haben sie zwei Kinder gehabt, und im Grunde hätten sie glücklich und sorgenfrei leben können. Aber manche Dinge verwindet der Mensch einfach nicht.

Den Kerner, der von Rudis ehemaligen Lagen stammte, den hat der Doktor immer in die großen Tanks füllen lassen, aus denen die Weine für Aldi abgefüllt wurden. Viele sagen, das hätte er absichtlich gemacht, um den Rudi zu ärgern. Der hat ja ständig dabei zusehen müssen, wie sein guter Weißwein für ein paar Cent als »Pfälzer Winzertrunk weiß« verramscht worden ist. Der Rudi hat nämlich in der Winzergenossenschaft in Ilbesheim gearbeitet, denn außer von Wein hat er ja von nichts was verstanden.

Da hat er dann Tag für Tag die Gärung kontrolliert, auch an den Tanks, in denen die Weine vom Weingut Doktor Wendlin reiften, oft hat er die Abfüllmaschine bedient, aufgepasst, dass am Ende die Etiketten ordentlich auf die Flaschen gekommen sind und solche Sachen. Bald konnte der Rudi alles, und der alte Heinz Berger, der Kellermeister, hat ihn immer nur gelobt. Nur manchmal hatte er das Gefühl, der Rudi sei mit seinen Gedanken ganz woanders. Aber nie, wirklich nie, hat es Grund zu Klagen gegeben, sagte der alte Heinz Berger.

Dann ist der Tag gekommen, das muss vor zwei Jahren gewesen sein, an dem der Doktor Wendlin nach Kandel ins Krankenhaus gemusst hat, mit Blaulicht und allem. Und wie er sechs Wochen später wieder heimgekommen ist, da ist er nicht mehr der alte gewesen. Einen Schlaganfall hätte er gehabt, haben die Leute gesagt. Er durfte sich nicht mehr aufregen, hat es geheißen, nur noch ganz wenig trinken und nichts Fettes essen, man kennt das ja. Mit den Frauen hat es der Doktor damals schon länger nicht mehr so gehabt, über die Jahre war er doch ein bisschen in die Breite gegangen, und sein Auto ist auch kein Mercedes-Cabrio mehr gewesen, sondern ein großer, bequemer BMW, in den er besser hineingepasst hat. Er soll sich auch brav an alle Vorschriften gehalten haben, sogar auf sein tägliches Fläschchen »Wendlins Herrgottsblut« soll er verzichtet haben, nur sein Temperament, das hat er halt nicht ändern können.

Und in diesem Frühjahr, erzählt der alte Heinz Berger, sei der Rudi eines Tages wie ausgewechselt gewesen. Ständig habe man ihn pfeifen gehört, angelächelt hätte er einen ohne jeden Grund, und am Abend hätte er oft sogar klaglos Überstunden gemacht. Wenn an der Abfüllanlage wieder mal was kaputt war, zum Beispiel.

Aber nicht nur der Rudi hat in diesem Jahr gute Laune gehabt. Es ist ein wunderbarer Sommer gewesen, die Öchslegrade haben gar nicht aufhören wollen zu steigen, und manch einer soll gefürchtet haben, dass man im Herbst sogar von den schattigsten Lagen seines Nachbarn noch Kabinettweine würde ernten können. Auch der Doktor soll jeden Tag auf seine Südlagen gefahren sein, nur um den Spätburgundertrauben beim Reifen zuzusehen und sie manchmal ein bisschen zu streicheln. Seinen Spätburgunder hat er wirklich über alles geliebt, und er hat ja auch einen Haufen Geld damit verdient. Manche haben später gesagt, man hätte ihm damals schon angesehen, dass er nicht mehr lange zu leben hätte. Aber das war natürlich Gerede, so was sagen die Leute hinterher immer.

Dann ist der Herbst gekommen. Die polnischen Erntehelfer haben in der Oktobersonne schwitzen müssen wie noch selten, die Traktoren haben mit ihren überladenen Anhängern vor der Genossenschaft Schlange gestanden bis Gott weiß wohin, die Maschinen sind Tag und Nacht gelaufen und trotzdem nicht fertig geworden mit all den Trauben und all dem Most. Der Rudi ist in den Wochen kaum ins Bett gekommen, und das erklärt vielleicht auch, was später passiert ist.

Zigtausend Flaschen sind dann den Winter über abgefüllt worden, ständig haben Lastwagen auf dem

Hof gestanden und sind mit Paletten über Paletten beladen worden, während die nächsten schon mit laufendem Diesel und fluchendem Fahrer gewartet haben. Und es hat wohl keinen Winzer im Dorf gegeben, der sich nicht ausgerechnet hat, ob er sich dieses Jahr endlich den neuen Traktor wird leisten können oder wenigstens ein paar Hypotheken abzahlen.

Und dann, am 17. Dezember ist es gewesen, da hat es morgens im Dorf auf einmal geheißen, der Doktor Wendlin sei tot und der Rudi sei schuld daran. Von Sabotage ist die Rede gewesen, und manch einer soll ganz offen gegrinst haben, wie er die Nachricht an den Nächstbesten weitererzählt hat, den er auf der Straße getroffen hat.

Der Rudi ist auch an diesem Tag ganz ruhig und pfeifend zur Arbeit gefahren, hat jeden freundlich gegrüßt, und alle haben mindestens ebenso freundlich zurückgegrüßt. Nur der alte Heinz Berger soll ein bisschen geschimpft haben, über Schlamperei und so, aber das war alles, und nicht mal die Polizei ist gekommen. Wie der Doktor drei Tage später beerdigt worden ist, sollen nicht so viele Leute dabei gewesen sein.

Wochen später sind dann ein paar Lastwagen zur Edenkobener Genossenschaft gekommen und haben das billige Gesöff zurückgebracht, das die Abfüllmaschine wegen irgendeinem Fehler in die schönen Flaschen vom Weingut Doktor Wendlin mit den silbernen und goldenen Preismünzen gepumpt hatte. Und fast gleichzeitig hat es im südlichen Niedersachsen bei Aldi Nord einen nie da gewesenen und für niemanden erklärlichen Ansturm auf den »Pfälzer Winzertrunk rot« für zwei Euro achtundzwanzig gegeben.

Gewundert hat das aber im Grunde keinen, denn diese Nordlichter verstehen ja nichts vom Wein.

Zu diesem Kurzkrimi passt hervorragend ...
der Rotwein AUSZEIT »Mandelpfad« 2014 vom Weingut Neusperghof in Rohrbach. Jochen Gradolph, ausgezeichnet als »Bester Jungwinzer 2016«, hat mit diesem Rotwein in seiner harmonischen und weichen Art einen idealen Genusskomplizen für eine Auszeit am Kamin und zur (Lese-)Entspannung in gemütlicher Atmosphäre geschaffen.
www.neuspergerhof.de

Kerstin Lange

Verkehrsberuhigung

Alles ist ruhig, die Lichter aus dem gegenüberliegenden Fenster beleuchten die Straße und tauchen sie in ein schummriges Licht. Blätter wiegen sich im Wind, Büsche werfen Schatten. Dazwischen ein Verkehrsschild. Tempo 30.

Ich stehe am Fenster und achte darauf, nicht von außen gesehen zu werden. Meine Wohnung ist dunkel. Entspannungsmusik läuft. Ab und zu schließe ich die Augen und atme tief ein. Es hilft gegen meine Schlafstörungen, ebenso wie das abendliche Glas Wein. So bleiben die Erinnerungen dort, wo sie hingehören, gedeckelt von dem Gefühl, etwas Sinnvolles zu tun und meine Schuld tilgen zu können.

Ein lautes Geräusch erschreckt mich, jagt mir einen Schauer über den Rücken. Mit aufgerissenen Augen versuche ich zu erkennen, welche Bedrohung sich nähert.

Sie ist weiß. Flach. Und laut. Ein Sportwagen, Achtzylinder, der zu schnell fährt. Der Fahrer gibt Gas, das Dröhnen durchbricht die Stille, LED-Scheinwerfer durchdringen die Dunkelheit. Der neue Nachbar, gerade dreißig, schätze ich. Wie kann der sich so ein Auto leisten?

Er parkt in einer der freien Buchten. Drei Anläufe

braucht er. Und jedes Mal gibt er Gas, als müsse er allen Anwohnern sagen: »Hey, ich bin da.«

Schämen sollte er sich. Wohngebiet, Tempo 30. Parken kann er auch nicht. Leicht schräg steht der Wagen in der Bucht. Der Mann steigt aus. Jung, dynamisch, voller Arroganz.

Zum ersten Mal seit Langem wälze ich mich wieder im Bett und finde keinen Schlaf. Bilder, die ich vergessen glaubte, drängen in mein Bewusstsein. Sie verschwinden nicht, egal was ich probiere. Schweißgebadet stehe ich auf, schaue aus dem Fenster. Der Wagen wirkt im fahlen Licht der Straßenlaterne bedrohlich. Die Front mit den prägnanten Scheinwerfern und breiten Lufteinlässen lacht mich aus.

Zurück im Bett falle ich tatsächlich in einen unruhigen Schlaf mit grauenvollen Träumen. Gegen fünf Uhr stehe ich endlich auf. Die Totengeister verschwinden nicht mehr. Ich muss raus, brauche Luft.

Mit Mantel bin ich im Dunkeln kaum zu erkennen. Zögernd bleibe ich vor dem Auto stehen, schaue durchs Seitenfenster. Er sieht aus wie frisch aus dem Laden. Sicher riecht er noch neu. Die farblich abgesetzten Nähte an den Ledersitzen gefallen mir. Sie verstärken die Sportlichkeit.

Sportlichkeit. Ich schüttele den Kopf. Sport bedeutet Anstrengung, Schwitzen, Wettkampf, Sieg oder Niederlage. Dinge, die im Straßenverkehr nichts zu suchen haben.

Allein die Felgen kosten ein Vermögen. Es gab Zeiten …

Ich verbiete mir die Gedanken. Aus meiner Jackentasche ziehe ich den Block und reiße ein Blatt ab. Den Zettel mit der Aufschrift »Scheiße geparkt« klemme ich hinter die Windschutzscheibe.

Er soll wissen, er wird beobachtet. Fürs Erste habe ich getan, was ich konnte.

Zurück in der warmen Wohnung, stehe ich wieder am Fenster. Nach einer halben Ewigkeit sehe ich, wie der Nachbar mit wippenden Schritten zum Wagen geht. Das weckt Aggressionen in mir. Was kostet die Welt, wer will mich besiegen?, scheint jede Pore seines Körpers zu brüllen.

Er wirft eine Laptoptasche auf den Beifahrersitz, steckt den Schlüssel ins Schloss und dreht nach rechts. Das Geräusch! Ich schließe die Augen. Dann verstummt der Motor. Ah, denke ich, er hat es entdeckt. Ich öffne die Lider und sehe ihn aussteigen. Kopfschüttelnd nimmt er den Zettel, liest, knüllt ihn zusammen und wirft ihn fort.

Schnösel.

Der Start eines Achtzylinders ist etwas Besonderes. Für viele Menschen ein Genuss. Für mich nicht. Nicht mehr.

Es ist sieben Uhr dreißig, der Schnösel drückt das Gaspedal im Leerlauf durch. Die wenigen Menschen, die auf der Straße sind, bleiben stehen. Erschrocken, genervt, belustigt oder neidisch. Ein Mädchen an der Hand der Mutter, auf dem Weg zum Kindergarten, zeigt auf das Auto. Tempo 30, denke ich. Junge, halt dich dran!

Er fährt an, jetzt schaltet er, gibt verhalten Gas. Da geht mehr, denke ich, ich kann nicht anders. Am Ende der Straße dreht er, kommt zurück. Als er am Schild vorbei ist, beschleunigt er, dreht den Motor hoch, bevor er schaltet. Er ist längst aus dem Blickfeld verschwunden, doch ich höre ihn noch immer.

Mich befällt wieder diese Übelkeit, die ich überwunden glaubte. Der Magen krampft sich zusammen, ich kann nichts essen. Der Kaffee stößt auf, ich muss auf Tee umsteigen, denke ich. Warum geht es von vorne los? Warum muss dieser Mensch in meine Nähe ziehen? In Annweiler, am Fuße des Trifels, glaubte ich, Ruhe und Frieden zu finden. Verkehrsberuhigte Zone in der Nähe des Kindergartens. Der Inbegriff von Idylle und ein ständiges Mahnmal.

Für das Einhalten der Geschwindigkeit fühle ich mich verantwortlich. Ich patrouilliere täglich und zeige notorischen Zuschnellfahrern mit Handzeichen an, dass sie gegen Gesetze verstoßen. Ich werde nicht müde, Mütter anzusprechen, die sich um die Sicherheit ihrer Kinder sorgen und sie in den Kindergarten bringen, aber jegliche Vorsicht vergessen, wenn sie hektisch unter Zeitdruck unser Wohngebiet verlassen.

Gegen sieben Uhr am Abend kommt der Achtzylinder zurück. Ich höre ihn, bevor ich ihn sehe, und stehe wieder am Fenster. Es ist nur eine Parkbucht frei, sie ist groß genug für den Wagen, erfordert aber fahrerische Geschicklichkeit und Können. Ich beobachte gespannt. Nach fünf Versuchen und einem Beinahezusammenstoß mit dem Verkehrsschild steht er, natürlich schräg, auf dem Parkplatz.

Armleuchter.

In der kommenden Nacht ist wieder nicht an Schlaf zu denken.

Gegen vier Uhr stehe ich auf und stelle mich auf den Balkon. Von hier habe ich eine noch viel bessere Sicht auf die Straße. Das Monster steht dort, aggressiv, überheblich. Mit solch einem Wagen ... Ich kann den Gedanken nicht zu Ende denken. Stattdessen fasse ich einen Entschluss. Meine Füße tragen mich aus dem Haus bis vor den Sportwagen. Erinnerungen überwältigen mich, als ich den glatten, glänzenden Lack berühre. Acht Jahre ist es her, aber ich sehe die Szene vor mir, als passierte es gerade: ein kleiner Junge am Straßenrand, der seiner Mutter winkt. Für einen kurzen Moment bin ich abgelenkt. Ich berühre das Gaspedal – nur kurz, für einen Bruchteil einer Sekunde – aus Versehen, Verwechslung von Gas und Bremse. Bis heute weiß ich nicht, wie das passieren konnte. Die Mutter steht mit weit aufgerissenem Mund unbeweglich am Bordstein. Unglauben, Entsetzen und Panik in ihren Augen. Ich halte an, steige wie in Zeitlupe aus. Auf dem Asphalt der bunte Anorak. Die Beine unnatürlich gespreizt. Die Augen lächeln nicht mehr. Sie sind tot.

Augen, die mich seitdem verfolgen.

Mein Anwalt war gut. Technischer Defekt, mich traf keine Schuld. Glück gehabt. Doch ich hatte nicht mit den Augen gerechnet, die mich nicht loslassen. Bis hierher, in die Pfalz, der Toskana Deutschlands, wo Genießen und Wohlfühlen so leicht sind — sein könnten.

»Gefällt Ihnen der Wagen?« Eine dunkle Stimme reißt mich aus meinen Gedanken. »Ich habe etwas gebraucht, bis ich Sie gefunden habe.«

Der Schnösel steht vor mir, sein Blick sprüht, wie seine ganze Art, Überheblichkeit aus. »Ein Witz, wie Sie hier einen auf Verkehrspolizist machen«, sagt er.

Was will der Typ von mir? Wer ist er?

»Steigen Sie ein. Sie fahren«, fordert er und zieht auf einmal eine Waffe aus seiner Jacke.

Wo kommt die denn her? Was soll das?

»Ich kann nicht«, sage ich. Meine Stimme klingt seltsam. Nicht nur die Knie zittern.

»Sie können.«

Er hat recht. Ich öffne die Fahrertür. Mein Körper wird von den ergonomisch geformten Sitzen empfangen. Ein Gefühl, als gehöre ich hierhin. Doch es ist falsch. »Nein«, will ich schreien, bekomme aber kein Wort heraus. Er setzt sich neben mich, die Waffe noch immer in der Hand. »Losfahren«, befiehlt er.

Ich drehe den Schlüssel, schließe die Augen. Der Klang! Gänsehaut überzieht meinen Körper.

»Wohin?«, bekomme ich heraus.

»Immer geradeaus.«

Ich fahre ganz behutsam los, schalte früh, spüre die Kraft des Motors, der wie ein Tiger nur darauf wartet, losgelassen zu werden. Ich werde mutiger, wir verlassen die Stadt, ich spüre, wie die Reifen auf dem

Asphalt kleben. Wir sind allein auf der Landstraße, rechts und links rauschen die Weinberge vorbei. Nach kurzer Zeit vergesse ich den Mann neben mir, werde mutiger, fahre schneller, beschleunige in den Kurven. Ich bin völlig begeistert. Das ist Freiheit! Fantastisch. Grandios. Ich spüre, wie meine Mundwinkel nach oben wandern. Wie habe ich das vermisst.

»Auf die Autobahn«, höre ich ihn neben mir sagen.

Mir ist egal, wer der Mann neben mir ist, die Pistole ist bestimmt nur eine Attrappe und das Warum wird sich klären. Der Wagen und ich gehören zusammen. Es ist wie früher. Ich vergesse alles um mich herum.

Der Fremde beginnt zu sprechen. »Der Wagen ist geil, oder?«

Ich nicke, blicke auf das Armaturenbrett, halte Drehzahlmesser und Tacho im Blick. 255 Stundenkilometer. Nur Fliegen ist schöner.

»Ich habe ihn mir geliehen, als ich herausfand, wohin Sie gezogen sind. Schönes Fleckchen, das Sie sich ausgesucht haben. Doch glauben Sie wirklich, Sie können davonlaufen?« Er schaut aus dem Fenster. »Alles Wichtige ist vergangen«, fährt er fort, »unwiederbringlich fort.«

Der Gedanke ist mir nicht fremd.

»Technischer Defekt. Das haben die Gutachter gesagt. Technischer Defekt«, wiederholt er und lacht auf.

Meine Freude verschwindet. Meine Fingerknöchel halten krampfhaft das Lederlenkrad fest. Nein, denke ich, das darf, das kann nicht sein.

»Wir hatten noch so viel vor. Und dann kommt ein

Idiot im Sportwagen, gibt Gas, fährt meinen Jungen tot, meine Frau bringt sich um, und vor Gericht faselt ein bezahlter Gutachter von technischem Defekt.«

Meine Hände werden feucht.

»Ich habe nichts zu verlieren«, sagt er und schaut mich an.

Schweißperlen bilden sich auf meiner Stirn, meine Hände kleben am Lenkrad, unmöglich, sie zu lösen. Ein Tropfen rinnt an meiner Wange entlang. Ein böser Traum, denke ich. Dabei drehe ich meinen Kopf zu ihm, suche nach einer Erlösung, doch sein Gesicht gleicht einer Maske. Ich nehme den Fuß vom Gas, trete auf die Bremse. Ohne Wirkung, die Geschwindigkeit verringert sich nicht. Panisch schaue ich ihn an.

»Technischer Defekt«, wiederholt er und lächelt. »Wie gesagt, ich habe nichts zu verlieren.«

Zu diesem Kurzkrimi passt hervorragend ...
ein Besuch der Weinstube Brennofen, um dort den 2014er trockene Merlot vom Weingut R. & E. Schmitt in Ilbesheim zu genießen.
www.mein-brennofen.de

Vor oder nach einem Gläschen Wein ist die Stauferstadt Annweiler mit dem Trifels natürlich immer einen Besuch wert. Zur Stauferzeit wurde die Burg als Staatsgefängnis genutzt, und der wohl berühmteste Insasse war der englische König Richard Löwenherz, der von 1193 bis 1194 dort gefangen gehalten wurde.
www.trifelsland.de

Wolfgang Ohler

Wildschwein in Burgunder

»Also wissense, Frau Riedinger!«

»Herr Kommissar?«

»Ausgerechnet Wildschwein in Rotweinsoße. Mein Leibgericht, Frau Riedinger. Also dafür könnte ich jede Schandtat begehen. So wahr ich hier sitze.«

»Aber Herr Inspektor! Sie als Kriminalbeamter!«

Kommissar Panther wischte mit der Serviette über seinen Schnurrbart.

»Ist doch nur Spaß, liebe Frau Riedinger. Aber mal ehrlich: War das weibliche Intuition? Oder haben Sie sich über mich erkundigt? Ein bisschen geschnüffelt, wie wir Kriminaler sagen?«

»Wo denken Sie hin, Herr Kommissar. Das würde ich mir nie erlauben. Nein, Wildschwein mit Knödel, das war auch die Leibspeise meines Mannes. Ach Gott, jetzt rede ich schon, als sei er ...«

»Darüber müssen wir uns noch unterhalten, Frau Riedinger. Später, so leid es mir tut. Aber zuerst wollen wir's uns schmecken lassen. Dienst ist Dienst, und Schnaps ist Schnaps. Also die Soße: ein Gedicht. Holunder und ein bisschen Ingwer als Gewürz? Und der Rotwein, sehr delikat. Welche Sorte nehmen Sie? Sie müssen wissen, ich koche selbst ganz gerne.«

Frau Riedinger hatte sich wieder gefasst. Lächelnd schob sie die Sauciere näher an den Teller des Kommissars.

»Burgunder. Dunkler, schwerer Burgunder. Mein Fritz hat immer gesagt: Die Tunke zum Wildschweinbraten muss schwer und dunkel sein, dunkel und dick wie Saublut. Sich wie eine Sau in der Sauce suhlen, so hatte er es am liebsten. Entschuldigung, Herr Kommissar. Aber so war er halt, mein Fritz.«

Kommissar Panther schöpfte mit der Soßenkelle eine satte Portion aus der Sauciere und verteilte sie genüsslich über Fleisch und Knödel.

»Schon recht, Frau Riedinger. Ich hab Ihren Fritz ja nur zu gut gekannt. Vom Stammtisch. Jeden Dienstagabend haben wir zusammen Doppelkopf gespielt. Herrje!«

Frau Riedinger seufzte, griff nach der Weinflasche und schenkte ein.

»Und dazu einen alten Burgunder. Alles musste zusammenpassen. Da war mein Mann eigen. Das heißt, der Burgunder schmeckte ihm auch ohne Wildschwein und Knödel, davon vertrug er jede Menge und zu jeder Zeit, der alte Schluckspecht.«

Kommissar Panther hob den Pokal gegen das Licht der Tischlampe und ließ den roten Wein im Glas funkeln.

»Prost, liebe Frau Riedinger. Ein Genießer war er schon, und das ist bei einem Metzger nicht selbstverständlich. Ein fideler, freundlicher Genießer, der Fritz Riedinger. Doch, am Stammtisch vermissen wir ihn alle sehr.«

Nachdenklich betrachtete Frau Riedinger den Wein in ihrem Glas.

»Ach wissen Sie, Herr Kommissar, nett und freundlich war er nur hinter der Theke. Und vielleicht bei Ihnen am Stammtisch. Er hatte auch seine Nauben. Wenn ihm etwas nicht passte, konnte er fuchsteufelswild werden. Dann hätten Sie ihn mal erleben sollen! Eine richtige Wildsau konnte er sein! Noch eine Scheibe, Herr Kommissar?«

Kommissar Panther schob seinen Teller zur Platte mit dem Fleisch.

»Schönen Dank, Frau Riedinger. Na ja, so ein Metzgermeister hat es auch nicht leicht. Die Konkurrenz, die Kunden, denen nichts recht ist. Da wird sich so mancher Groll angestaut haben. Und Sie mussten es dann zu Hause ausbaden. Wir alle haben zwei Gesichter, nicht wahr.«

»Da haben Sie jetzt ins Schwarze getroffen, Herr Kommissar: zwei Gesichter, ja, die hatte er. Eins fürs Schaufenster, ein anderes für mich, und die Leute kennen nur die saubere Fassade. Aber wenn es nur das gewesen wäre, Herr Kommissar. Wie sagt man: Der Metzger liebt das junge Fleisch. Unsere Lehrmädchen können ein Lied davon singen. Kaum eine hat's ein Jahr ausgehalten. Er war manchmal außer Rand und Band, die alte Wildsau.«

Kommissar Panther tat erstaunt.

»Na, so was. Er war doch auch nicht mehr der Jüngste, unser Fritz. Aber wie heißt es: Je oller, je doller. Na ja, so richtig sauborstig konnte er schon mal sein. Herrje!«

Die plötzliche Stille am Esstisch wurde nur durch gelegentliche Seufzer der Metzgersgattin unterbrochen. Kommissar Panther hing seinen Gedanken nach und schob den letzten Bissen in den Mund. Er nahm einen tiefen Schluck aus dem Weinglas, bevor er wieder das Wort ergriff.

»Also wissense, Frau Riedinger!«

»Herr Kommissar?«

Kommissar Panther wischte mit der Serviette die Burgundersoße aus dem Mundwinkel und zugleich die satte Zufriedenheit aus seinem Gesicht. Stattdessen zog er die buschigen Augenbrauen hoch und legte die Stirn in amtliche Falten.

»Also wissense, Frau Riedinger. Vielen Dank für die vorzügliche Mahlzeit. Aber eigentlich bin ich ja dienstlich hergekommen.«

»Ich weiß, Herr Kommissar.«

»Nun ja. Es ist jetzt drei Monate her, dass Ihr Mann verschwunden ist.«

»Stimmt, Herr Kommissar. Heut vor drei Monaten hab ich ihn als vermisst gemeldet. Genau am 3. Juni. Ach ja!«

»Und da wir bis heute keine Spur von ihm gefunden haben, wird das Ermittlungsverfahren vorläufig eingestellt. Das ist nun mal so. Da kann man nichts machen, Frau Riedinger. Das soll aber nicht heißen, dass wir davon ausgehen, dass er nicht mehr am Leben ist, Ihr Mann.«

»Ich versteh, Herr Kommissar. Sie haben Ihre Vorschriften.«

»Im Normalfall machen wir dann die Akten zu, Frau Riedinger. Im Normalfall.«

Die Metzgersgattin schaute den Kommissar fragend an.

»Also wissense, Frau Riedinger!«

»Herr Kommissar?«

»Für mich ist er eben nicht nur ein Fall, Ihr Fritz. Er war mein Skatbruder. Jeden Dienstagabend am Stammtisch. Herrje!«

»Ich weiß, Herr Kommissar.«

»Gut. Dann werden Sie's mir nicht übel nehmen, wenn ich jetzt noch ein paar Fragen stelle?«

»Aber nein, Herr Kommissar. Vorher noch ein Schnäpschen? Damit Sie die Wildsau besser verdauen.«

Kommissar Panther winkte unwillig ab.

»Nein, Frau Riedinger. Wie gesagt: Dienst ist Dienst. Und jetzt ist Dienst. Ich muss Sie zunächst belehren: Sie brauchen nicht auszusagen, Sie haben das Recht ...«

»Aber, Herr Kommissar, das ist doch nicht notwendig. Selbstverständlich will ich Ihre Fragen beantworten. Jetzt fangen Sie ruhig an.«

Kommissar Panther zog ein Notizbuch aus der Tasche seines Jacketts und schlug nach kurzem Blättern eine eng beschriebene Seite auf.

»Also gut, Frau Riedinger. Da ist eine Sache, auf die ich mir keinen Reim machen kann. Am 2. Juni haben Sie beim Großhandel eine Tiefkühltruhe bestellt. Einen Tag, bevor Sie Ihren Fritz als vermisst gemeldet haben.«

»Richtig, Herr Kommissar. Die alte war defekt. Kurzschluss oder so ähnlich. Die neue war im Angebot. Da hab ich nicht lange gefackelt und zugegriffen.«

»Gut, Frau Riedinger. Nun was ganz anderes: Wie groß ist Ihr Mann?«

»Das habe ich doch schon gesagt. Ein Meter und sechzig. Er war nun mal kein Riese.«

»Genau. So steht's in Ihrer schriftlichen Aussage: ein Meter sechzig. Und jetzt frag ich Sie, Frau Riedinger: Weshalb haben Sie auf dem Bestellschein angegeben, dass die Kühltruhe mindestens eins sechzig lang sein muss?«

»Hab ich das, Herr Kommissar? Ja wissen Sie, der Herr Forstrat Mischo liefert mir ja immer gleich eine ganze Wildsau. Da brauch ich schon eine Menge Platz.«

Der Kommissar kratzte sich am Kopf und schrieb eine Notiz in sein Büchlein.

»So, so, Frau Riedinger. Eine ganze Wildsau. Und das Gewicht?«

»So genau kann ich das nicht sagen, Herr Kommissar. So ein ausgewachsener Keiler ...«

»Aber nein. Das Gewicht Ihres Mannes, herrje!«

»Ach so. Ja, warten Sie: ungefähr neunzig Kilo, schätze ich. Steht das denn nicht auch schon in meiner Aussage?«

»So nicht, Frau Riedinger. So nicht. Dort steht etwas anderes.«

»Wie gesagt, Herr Kommissar, ich muss schätzen. Er war schon gut beisammen. Sein bester Kunde, wie man so sagt. Alles andere als ein Kostverächter. Und dann der viele Rotwein, der zehrt ja auch nicht gerade. Also aufs Gramm genau kann ich's nicht sagen. Was steht denn in den Akten?«

»Dort haben Sie achtzig Kilo angegeben. Achtzig Kilo haben Sie in der Anzeige geschrieben!«

»Nun ja, das schmeichelt ihm allerdings. Sie haben ihn doch auch gekannt, unseren dicken Fritz, die Speckschwarte, wie ihn seine Kollegen genannt haben. Aber was soll's, Herr Kommissar, ich habe ja auch kein Figürchen wie ein Mannequin.«

»Eben. Nein, jetzt verstehen Sie mich nicht falsch. Das ist es nicht, was mich stört.«

»Sondern, Herr Kommissar?«

Kommissar Panther bemühte sich, noch ein, zwei Falten mehr auf seine Stirn zu platzieren, und blickte seine Gastgeberin streng an.

»Was heißt: ›o. K.‹, Frau Riedinger?«

»Okay, Herr Kommissar?«

»Nein, nicht okay. Kleines o, Punkt, großes K, Punkt!«

»Ach so, Herr Kommissar. Das ist eine Abkürzung: Das soll heißen: ohne Knochen. Das ist im Metzgergeschäft so üblich.«

Plötzlich klang die Stimme des Kommissars scharf wie ein Tranchiermesser. Seine kurzsichtigen Augen in der Tiefe der Brillengläser: zwei schwarze, ins Eis geschlagene Löcher.

»Ja, das habe ich mir gedacht, Frau Riedinger. Dann verraten Sie mir doch, bitte schön, weshalb Sie in der

Anzeige in der Rubrik *Körpergewicht der vermissten Person* geschrieben haben: ca. 80 kg o. K.!«

Frau Riedinger schlug die Hand vor den Mund. Sekundenlang irrte ihr Blick zwischen den leeren Tellern mit den Resten der Burgundersoße hin und her.

»Also, Herr Kommissar, das muss ein Versehen sein. Wissen Sie, wenn man vierzig Jahre hinter der Theke steht, tagein, tagaus, oft zehn Stunden ohne Pause, da geht einem einiges in Fleisch und Blut über.«

»In Fleisch und Blut, Frau Riedinger?«

»Verstehen Sie mich nicht falsch, Herr Kommissar. Ich meine, da kann man sich schon mal vertun. Ich war halt sehr aufgeregt und durcheinander, als ich die Anzeige geschrieben habe. Ach Gott, mein armer Fritz.«

Frau Riedinger suchte in der Tasche ihrer Jacke vergeblich nach einem Taschentuch und schnäuzte sich schließlich in die Damastserviette.

»Herr Kommissar, was denken Sie denn von mir!«

Kommissar Panther machte nun seinem Namen alle Ehre. Seine Stimme war unerbittlich: auf Beute aus, auf dem Sprung, herrje!

»Ich denke, Frau Riedinger, wir sollten uns jetzt mal Ihre neue Tiefkühltruhe anschauen. Oder brauche ich dazu erst einen Durchsuchungsbefehl?«

Erschrocken wehrte Frau Riedinger ab.

»Aber nicht doch, Herr Kommissar. Selbstverständlich können Sie die Kühltruhe sehen. Zuvor noch ein Schnäpschen, zur besseren Verdauung?«

Kommissar Panther überhörte das Angebot und erhob sich energisch von seinem Platz.

»Also, Frau Riedinger, dann wollen wir mal!«

»Wir müssen in den Keller, Herr Kommissar. Moment, ich binde mir rasch die Schürze um, man kann nie wissen.«

»Sie brauchen keine Schürze, Frau Riedinger. Ich will nur einen Blick in die Truhe werfen. Das ist alles.«

Die Metzgersfrau schritt die Steinstufen hinab, dicht gefolgt von Kommissar Panther. Mit dem großen Bartschlüssel sperrte sie auf. Hinter der eisernen Kellertür empfing beide eine klamme Luft, die den Kommissar erschauern ließ. Von der Decke leuchtete matt eine Glühbirne und warf klobige Schatten.

»Da in der Ecke, Herr Kommissar.«

Panther hatte die Tiefkühltruhe schon entdeckt und ging darauf zu.

»Na, dann wollen wir mal, Frau Riedinger.«

Er klappte den Deckel auf und spähte angestrengt in den Bauch der Truhe.

»Ja, aber wissense, Frau Riedinger!«

»Herr Kommissar?«

»Leer! Die Truhe ist ja völlig leer! Herrje!«

Die Stimme hinter ihm hallte dumpf in dem kalten Raum.

»Ja und, Herr Kommissar. Wir beide haben ihn ja auch gerade aufgefressen.«

»Wie, Frau Riedinger? Wen haben wir …«

»Den Rest der fetten Wildsau. Mit Knödeln und Burgundersoße.«

»Aber Frau Riedinger!«

Kommissar Panther drehte sich zur Metzgersfrau um, die dicht hinter ihm stand. Sie hatte ja doch die weiße Metzgerschürze umgebunden; in der Hand hielt sie das große Schlachtermesser. Und jetzt waren es ihre Augen, die wie Eis hinter den Brillengläsern schwammen und ihn von Kopf bis Fuß taxierten.

»Aber Frau Riedinger?«

»Fünfundsiebzig, würde ich Sie schätzen, Herr Kommissar. Fünfundsiebzig Kilo. Ohne Knochen! Herrje!«

Zu dieser Geschichte passt hervorragend ...

ein ausgedehnter Spaziergang oder eine Radtour durch das Kuseler Musikantenland, um danach im Waldhotel Felschbachhof einzukehren. Hier gibt es regionale und saisonale Bio-Küche, von heimischem Wild über hausgemachte Nudeln bis hin zu vegetarischen oder veganen Gerichten. Dazu ein passender Wein – natürlich auch einen Burgunder – aus der reichhaltigen Weinkarte.

und wenn es ein paar Gläser mehr geworden sind: Übernachten ist im Waldhotel Felschbachhof ebenfalls ein Genuss!
www.felschbachhof.de

Hildegunde Artmeier

Mr Right für Melanie oder Warum der Märchenprinz nie wieder nach St. Martin kam

Ich wusste von Anfang an, was für ein Typ er war.

Fünfundzwanzig Jahre jünger als ich, die Haare viel zu lang, ein Lächeln, mit dem er jede halbwegs attraktive Frau bedachte. Und natürlich immer zu wenig Geld in der Tasche. Die Sorte Männer kannte ich. Aber es war mir egal. Seine blitzenden Gigolo-Augen gefielen mir einfach zu gut.

An Tag zwei führte ich ihn aus. Zum Abendessen in den *Winzerhof*, ein exquisites Restaurant in Sankt Martin, einem der schönsten Dörfer Deutschlands im Pfälzer Weinland mit Fachwerkflair, vielen Erinnerungen und günstiger Lage. Nämlich weit weg von Landau, wo mich jeder kennt.

Nach dem Essen schlenderten wir durch den mittelalterlichen Ortskern bis zur Kirche, die dem heiligen Bischof Martin von Tours geweiht ist, dem Schutzpatron des Dorfes. Ich zeigte meinem Süßen die historischen Fachwerkhäuser, das ehemalige Kelterhaus, in dem früher die Untertanen ihren Weinzehnt an die hiesigen Barone ablieferten, und den idyllischen Blick auf den »Malerwinkel«. Sogar zur Kropsburg, den ehemaligen Adelssitz der Dalberger am Rande der Pfälzer Berge, spazierten wir hinauf.

Für Mitte März war es ungewöhnlich warm. Die ersten Mandelbäume blühten, in verträumtem Weiß und duftigem Rosa, und es roch schon jetzt nach Sommer. Mein Herzensbrecher drückte mich immer enger an sich.

Seine Ausdauer imponierte mir. Ganz gleich, ob es um die Anzahl seiner Komplimente ging, die unserer zusammen geleerten Secco-Gläser in einem der unzähligen Weingüter mit ruhigen Ecken oder die unserer erotischen Stunden in einem verschwiegenen Hotel. Ich beglückwünschte mich. Nicht jeder Liebhaber hält, was er im Schein von zwanzig Kerzen verspricht.

Irgendwann geschah das, was keine einigermaßen vernünftige Frau glaubt, auch wenn sie ein Leben lang davon träumt. Er schwor mir ewige Liebe und bedingungslose Treue. Ich lachte ihn aus. Ich bin an die fünfzig Jahre alt und habe viel erlebt.

Aber er wurde nicht müde, den letzten aufrechten Vertreter der Gattung Mann zu mimen, und bald fand ich Gefallen an seinen Geschichten. Schließlich braucht jeder Mensch ein paar Illusionen. Ich wurde auch nicht stutzig, als mein Märchenprinz immer weniger Zeit hatte. Würden Sie etwa nicht verstehen, dass ein zielorientierter Architekturstudent für seine Masterabschlussprüfungen büffeln muss?

Es passte mir sowieso gut in den Kram. Irgendwann musste auch ich mich um andere Dinge kümmern. Der achtzehnte Geburtstag meiner Tochter rückte näher, und ich hatte noch nichts vorbereitet. Sie wünschte sich von mir ein bodenständiges Vier-Gänge-Menü, eine Reise in die Karibik und einen Fiat Cinquecento in knalligem Rot. Melanie trat schon immer in die Fußstapfen ihres Vaters. Sie wusste die angenehmen Seiten des Lebens zu schätzen.

Also stöberte ich in meinen Kochbüchern und forschte im Internet nach einer interessanten Speisenfolge. Schließlich entschied ich mich für eine deftige Kartoffelsuppe und Pfälzer Saumagen mit Bauernbrot als Vorspeise und eine Crème brulée als Dessert. Nur beim Hauptgang wurden wir uns nicht gleich einig. Rumpsteak mit hausgemachten Spätzle an Pfefferrahmsauce, Zanderfilet auf Grumbeere und Mandelbutter, Schweinerückensteak mit Röstitaler – was auch immer ich Melanie vorschlug, hartnäckig bestand sie auf meinen berühmten Flammkuchen.

Manch einer unserer Gäste hat beim Anblick dieser Hauptspeise schon das Gesicht verzogen. *Stinknormaler Flammkuchen – wie einfallslos*, war in ihren Mienen zu lesen. Aber beim ersten Bissen glätteten sich die Züge, und ich musste früher immer aufpassen, dass für meine Kleine genug übrig blieb. Würzig duftender Speck, hauchdünn geschnittene Zwiebelringe und frischer Schnittlauch auf einem Bett aus feinster Crème fraîche, dazu ein edler, trockener Riesling vom besten Winzergut der südlichen Weinstraße – bei dieser Mischung kann kaum jemand widerstehen.

Drei Tage vor der Feier, als ich den Einkaufszettel schrieb, vertraute Melanie mir ihr Geheimnis an. Dieses Mal würde sie zum Geburtstagsessen nicht nur den

Reitclub und ihre altbewährten Busenfreundinnen einladen, sondern auch einen Freund. Wir dürften gespannt sein: Mr. Right alias das achte Weltwunder.

Also gab ich mir am großen Abend besondere Mühe mit der Dekoration. Herzen überall: auf der Tischdecke, an der Wand, auf Kerzen und Servietten sowieso.

Richard führte das Geburtstagskind in den festlich gedeckten Speisesaal. Der Traumprinz hielt lächelnd die Hand meines großen Mädchens, und sie blinzelte ihn verliebt an. Meine Melanie und ihr Dreamboy ...

Diese miese, kleine Ratte! Am liebsten hätte ich den Kerl geviertelt, in der Luft zerrissen, im Rhein versenkt. Ich hatte schon immer viel Fantasie. Nicht nur im Bett oder beim Kochen.

Natürlich ließ ich mir nichts anmerken und begrüßte das neue Familienmitglied mit strahlendem Lächeln. Schließlich hatte ich in meinem früheren Beruf gelernt, meine Emotionen zu kontrollieren. Aber nach der Wut spürte ich die Traurigkeit. Wem sollte ich jetzt die Sehenswürdigkeiten von Sankt Martin zeigen? Mit wem im malerischsten Weindorf Deutschlands schlemmen? Und wie sehr würde ich das Bett in jenem versteckten Romantik-Hotel in Zukunft vermissen?

Andrerseits, wer ist schon unersetzbar?

Der Abend war ein voller Erfolg. Alle lobten das gelungene Menü, und nach dem Dessert erfuhren wir ganz nebenbei, dass wir nicht nur ein Geburtstagsfest feierten, sondern auch eine Verlobung. Nach vier Monaten sei es an der Zeit, an den Bund fürs Leben zu denken, teilte Melanies Strahlemann uns unverblümt mit. Keine Spur von Verlegenheit.

Als ich ihn in einem unbeobachteten Moment zur Rede stellte, ließ er mich abblitzen und faselte etwas von der Liebe seines Lebens. Ich versuchte, Melanie vor ihm zu warnen. Doch das Einzige, was ich damit provozierte, war eine patzige Reaktion ihrerseits. Ob ich nicht endlich akzeptieren wolle, dass auch meine wohlbehütete Tochter nun erwachsen sei?

Richard bemerkte natürlich nichts. Wenn er nicht mit einer von Melanies Freundinnen das Tanzbein schwang, führte er mit seinem zukünftigen Schwiegersohn Fachgespräche über Architektur und Landschaftspflege. Ansonsten lächelte mein Göttergatte zufrieden vor sich hin, weil er seine Tochter in guten Händen wähnte.

Was ich für mich behielt: Es gab noch einen dritten Grund zum Feiern. An diesem Abend beschloss ich, mich wieder meiner früheren Arbeit zu widmen. Achtzehn Jahre lang hatte ich mich bei Tennis und Golf gelangweilt. Achtzehn Jahre lang hatte ich Gläser aus geschliffenem Kristall gesammelt und Grillabende für Richards Parteifreunde im Landauer Stadtrat organisiert. Achtzehn Jahre lang hatte ich mir beim wöchentlichen Kaffeeklatsch der aktuellen Gattinnen die ewig gleichen Geschichten über die Erfolge von Männern und Kindern anhören müssen. An diesem Abend wehte der Wind der Veränderung so stark, dass er fast das gute Rosenthal-Geschirr in Scherben fegte.

Gleich am nächsten Tag schritt ich zur Tat. Ich organisierte die besten Handwerker und gab endlich den Ausbau des lange geplanten Hobbyraums in Auftrag. Im hintersten Kellerwinkel, wohin sich niemand verirrte außer mir. Auch meine alten Kontakte funktionierten noch, und dort, wo sie nicht mehr existierten, tat ich neue auf. Ambrosius, mein früherer Chef, versuchte sofort, mich trotz der langen Pause für einen kniffeligen Auftrag anzuwerben. Immer schon hatte er meine Fähigkeiten zu schätzen gewusst. Mich hingegen faszinierte der Gedanke, mich selbstständig zu machen. Allerdings nur mit Kompagnon. Als Einzelkämpfer hat man's überall schwer, nicht nur in meiner Branche. Andererseits hatte ich es sowieso nicht nötig, selbst wieder arbeiten zu gehen. Und wenn mein Plan so aufging, wie ich hoffte, erst recht nicht.

Als im Garten die ersten Sonnenblumen blühten, hatte ich alles beisammen, was ich brauchte. Wie in jedem Beruf, den man lange nicht mehr ausgeübt hat, hatte sich auch in meinem vieles verändert. Aber wer einmal gelernt hat, einen Sprengsatz zu bauen, verlernt es nie.

Das Schwierigste war die exakte Planung, wann und wo die Detonation erfolgen sollte. Sie musste absolut tödlich sein, durfte aber keine Unbeteiligten verletzen. Das hatten sie uns beim MAD, dem Militärischen Abschirmdienst, eingetrichtert. Natürlich gab es auch Betriebsunfälle, Kollateralschäden waren oft unvermeidbar, auch unter der Zivilbevölkerung. Aber bei diesem Einsatz würde alles glattgehen. Mein Süßer würde keine Herzen mehr brechen.

Wie immer konnte ich auf Richard zählen. Wenn er nicht gerade mit einer seiner häufig wechselnden Assistentinnen, die allesamt wie Models aussahen, eine unaufschiebbare Geschäftsreise unternehmen musste, spielte er mit Leidenschaft Golf. Schon auf Melanies Geburtstagsfeier hatte er angekündigt, ihren Sunnyboy in diesen wichtigen Sport einzuführen. Auf dem Golfplatz wurden schließlich weit mehr Verträge ausgehandelt als in jedem Architekturbüro dieser Welt. Und wenn Richard seinen Schwiegersohn in spe regelmäßig in den Golfclub *Landgut Dreihof* in Essingen mitnahm, würde ich zwei Fliegen mit einer Klappe schlagen. Nach reiflicher Überlegung setzte ich deshalb auch meinen Ehemann als Zielobjekt mit auf die Liste.

Seit Richard die Schwelle zur Midlife-Crisis überschritten hatte, hatte sich auch in meinem Leben viel verändert. Zuvor waren wir beide noch ein richtiges Liebespaar gewesen. Melanie, unser Wunschkind, war gerade zehn Jahre alt geworden. Mein Beruf als MAD-Agentin fehlte mir nicht. Schließlich wollte ich ein ganz normales Leben führen. Was gibt man nicht alles auf für die Familie und den Mann, den man liebt.

Wenn Richard Zeit hatte, machten wir Ausflüge zu dritt. Mit der Sesselbahn schwebten wir hinauf zur Ruine Rietburg, einer ehemaligen Raubritterburg, und sammelten in den Wäldern bei Edenkoben anschließend Esskastanien. In Annweiler am Trifels spazierten wir jedes Mal durch die Wassergasse und schleckten Eis am Keyser'schen Eck auf dem Rathausplatz. Zwei Kugeln für jeden. Noch heute sehe ich meine kleine

Melanie vor uns herlaufen, mit wehendem Röckchen und über das Kopfsteinpflaster klappernden Sandalen.

Einmal, an einem sonnigen Julitag, verschwand sie einfach. Es verging über eine Stunde, bevor wir sie in dem Gewühl von Einheimischen und Touristen auf dem mittelalterlichen Richard-Löwenherz-Fest endlich wiederfanden. Seelenruhig saß sie vor der protestantischen Stadtkirche und sah mit großen Augen zwei kleinen Jungs zu, die inmitten all der bunten Gaukler und Ritter mit Holzschwertern gegen imaginäre Drachen und böse Zauberer kämpften. Wie gekonnt die beiden parierten, wie sie tobten und lachten. Vor Erleichterung spendierte ich jedem der drei eine Eistüte. Fünf Kugeln. Pistazie, Walnuss, Kirsch, was immer sie wollten.

Nach diesem Erlebnis sprach mein Mädchen nur noch von einem: Sie musste einfach Fechtunterricht nehmen. Ich war einverstanden, aber Richard fand, das sei nichts für Mädchen. Also überredete ich beide zu Karate. Eine geeignete Selbstverteidigungstechnik kann schließlich niemandem schaden.

Bald darauf stellte Richard mir seine neue Assistentin vor. An ihren Namen erinnere ich mich nicht mehr, aber sie war so gertenschlank, wie ich nie werden würde, blutjung und voller sprühender Ideen. Die frisch diplomierte Architektin krempelte alles um. Aus Richards mehr schlecht als recht laufendem Architekturbüro machte sie die Topadresse in Landau. Natürlich mussten Köpfe rollen. Wer die Zeichen der Zeit nicht erkennt, darf nirgendwo auf Milde hoffen, weder langjährige Mitarbeiter noch Alleinverdiener mit fünfköpfigen Familien. Nur einer der Punkte, in denen sich der Chef und seine neue rechte Hand einig waren.

Richards Stellvertreterin blieb nicht lange. Doch sie bildete nur den Anfang eines endlosen Reigens an häufig wechselnden und immer bildschönen jungen Architektinnen, mit denen mein Gatte weit mehr Zeit verbrachte als mit mir. Bei jeder Neuen zankten wir uns noch ein kleines bisschen böser als zuvor. Natürlich verstand ich, dass Stararchitekten mehr arbeiten müssen als Finanzbeamte. Aber wenigstens für unsere Sonntagsausflüge hätte er sich noch hin und wieder Zeit nehmen können.

Melanies Hochzeit sollte Ende September stattfinden. Unsere kleine Meinungsverschiedenheit auf ihrer Geburtstagsfeier war schon lange vergessen, und wie zu erwarten, brauchte sie Unterstützung. Wer einmal eine Trauung organisiert hat, weiß, an wie vieles man zu denken hat. Unterlagen fürs Standesamt, Brautkleid, Eheringe, Geschenke für den Hochzeitstisch, ein angemessenes Lokal ausfindig machen. Dann die Menüauswahl, Gästeliste, Einladungen, Blumenschmuck und zu guter Letzt die Flitterwochen.

Mich plagte mein schlechtes Gewissen. War das, was ich vorhatte, wirklich richtig? Warum investierte ich so viel Zeit und Geld in dieses Hochzeitsprojekt, das von Anfang an zum Scheitern verurteilt war? Wollte ich nicht wie alle Mütter, dass meine Tochter glücklich wurde? Wie lange würde sie darunter leiden, wenn sie nicht nur ihren Verlobten zu betrauern hatte, sondern auch ihren Vater? Und außerdem – tat ich Richard vielleicht doch Unrecht? Wer so viel Geld verdiente wie er, durfte sich doch auch mal eine harmlose kleine Abwechslung leisten, oder etwa nicht?

Doch meine Gefühlsduseleien verflogen so schnell, wie sie gekommen waren, und bald kümmerte ich mich wieder um die Vorbereitungen für die große Feier und meine kleine Bastelei. Die ersten Experimente liefen ein wenig aus dem Ruder. Der Nachbarshund, der Melanie vor Jahren gebissen hatte, war nach meiner Probesprengung nicht wiederzuerkennen, und die Gartenlaube seines Herrchens ging in Flammen auf. Aber wenigstens mussten wir uns das nervige Gejaule und die feucht-fröhlichen Skatrunden nicht länger anhören.

Endlich war es so weit. An einem strahlend schönen Freitagnachmittag hatten Richard und unser Märchenprinz sich wieder einmal im Golfclub in Essingen verabredet. Ich schob einen wichtigen Termin mit Melanie vor und lud sie in die *Rebmann Manufaktur* nach Bad Bergzabern ein. Andernfalls wäre sie noch auf den Gedanken gekommen, ihren Süßen zu begleiten. Seit er sich mehr fürs Golfen und Richards Geschäftskontakte interessierte, schien meine Kleine sich vernachlässigt zu fühlen. Immer öfter sah ich sie unruhig auf ihr Mobiltelefon starren, bis das Summen einer WhatsApp sie endlich erlöste.

Den Schläger in der Golftasche hatte ich bestens präpariert: Der Final Countdown der Zeitschaltuhr würde bei Loch Nummer dreizehn zu Ende sein. Ich wusste genau, wie lange mein Gatte und unser Märchenprinz bis zu dieser direkt am Waldrand gelegenen Stelle brauchen würden. Oft genug hatte ich auf der Terrasse des Golfrestaurants gewartet, um die Zeit zu stoppen. Die Explosion würde einen unschönen Krater in den gepflegten Rasen sprengen.

Während Melanie und ich uns die schokoladigen Verführungen im Café der *Rebmann Manufaktur* auf der Zunge zergehen ließen, blickte ich immer wieder auf die Armbanduhr. Um halb drei hatten die beiden Lady's Men sich am Golfplatz verabredet. Wenn alles nach Plan verlief, waren sie genau jetzt auf dem Weg zum dreizehnten Loch.

Zum zwanzigsten Mal zog ich das Handy aus der Tasche und überprüfte, ob es Empfang hatte. Am Ende überhörte ich noch den Anruf aus dem Golfclub. Natürlich würde man mich informieren, sobald Notarzt und Polizei verständigt waren. Wenn einer von Richards Schlägern in die Luft ging, dann musste jeder einen Anschlag auf das Leben des politisch aktivsten Architekten der Region vermuten, der – ohne mit der Wimper zu zucken – jedes Naturschutzgebiet dem nächsten Gewerbepark opferte.

Melanie hatte noch kaum etwas von den zart schmelzenden Trüffeln gekostet. Etwas beschäftigte mein Mädchen, das sah ich ihr an. Verstohlen schaute ich wieder auf die Uhr. In dieser Minute waren die beiden vermutlich schon beim Waldrand angelangt.

Meine Kleine seufzte erbärmlich.

»Was ist los?«, fragte ich und bemerkte aus den Augenwinkeln, wie mir ein Mann mit grau melierten Schläfen am Nachbartisch einen interessierten Blick zuwarf.

»Du wirst nicht begeistert sein.«

Ich lächelte abwesend und schielte auf die Zeiger auf dem Zifferblatt.

»Was würdest du sagen, wenn wir die dreihundert Hochzeitseinladungen neu drucken müssten?«, hauchte mein Töchterchen, während eine Träne über ihre Wange kullerte.

Ich riss die Augen auf.

»Die Namensschilder, Tischkarten und Menükarten nicht zu vergessen.« Die Träne plumpste auf die weiße Tischdecke.

Ich reichte ihr ein Taschentuch. »Was ist denn los?«

»Ich habe jemanden kennengelernt.« Sie schnäuzte sich umständlich. »Aber heiraten werden wir nicht. Mein Neuer hält nichts von diesem altmodischen Firlefanz.«

»Dein Neuer?«

»Er ist sooooo süß.« Ein Ruck ging durch ihren zarten Körper, und auf einmal strahlte sie. »Du wirst ihn lieben, Mama!«

Das hoffte ich ganz und gar nicht. Ich wollte nicht noch einen zukünftigen Schwiegersohn in die Luft sprengen müssen.

»Außerdem hat Leonardo einen wirklich tollen Job«, schwärmte sie weiter. »Er ist selbstständig und gerade auf der Suche nach einem Geschäftspartner. Jemand mit Erfahrung soll es sein.«

»Dann will er also nicht die Firma deines Vaters übernehmen?«, fragte ich. Den Zusatz *wie dein Verflossener* schluckte ich selbstverständlich hinunter.

»Natürlich nicht. Er arbeitet mit irgendeinem ausländischen Amt in Berlin und Brüssel zusammen. Aber wohl auch mit Privatkunden.« Sie senkte die Stimme. »Ich habe nicht so genau verstanden, was Leonardo macht. Er muss viel reisen, spricht fließend Englisch, Französisch, Spanisch. Außerdem Russisch und irgendwas Arabisches. Wie du, Mama!«

Ich lächelte.

»Ständig kriegt er Anrufe, Mails, was weiß ich«, fuhr meine Kleine fort. »In seinem Loft in Mannheim, in einem von diesen genial schönen Jugendstilhäusern beim Wasserturm, gibt's nur das Neueste vom Neuen. Der hat es nicht nötig, eine Frau wegen Papis Firma zu heiraten.«

Ich verkniff mir meinen Kommentar.

»Megageile Möbel, überall Gemälde und alles echt. Drei Notebooks und zwei iPads hat er und mindestens fünf iPhones. Und eine Waffensammlung – einfach irre!«

»Ach?«

»Ja, zuerst war er sauer, als er mich in dem Zimmer erwischt hat. Da darf nämlich niemand rein. Nicht mal die Putzfrau. Aber dann war er platt, weil ich in Karate besser bin als er, und jetzt will er mir sogar das Fechten beibringen, echt krass. Weißt du, Mama ...« Ihre wasserblauen Augen fingen an zu leuchten. »Wenn du mich fragst, dann macht er so was wie diese Typen in den Kinofilmen.«

Ich hob die Augenbrauen.

»Na, James Bond, Codename U.N.C.L.E. und so!«

Ihre Augen wurden noch größer. Mit einem Mal sah ich, wie darin Funken sprühten.

»Vielleicht sollte ich doch nicht Jura studieren, wie Papa immer meint.« Nachdenklich kaute sie auf einer ihrer langen, kohlrabenschwarzen Haarsträhnen, die sie wie die Augenfarbe von mir geerbt hatte. »Es gibt doch wirklich spannendere Jobs als Anwältin, oder?«

Auch ich kam ins Grübeln, ließ die Jahre Revue passieren, dachte an die Zukunft. Immer nur reiche Witwe zu spielen, erschien mir nun doch zu langweilig. Vielleicht war ich in meinem alten Beruf besser aufgehoben als immer nur zu Hause. Und vielleicht war Leonardo genau der Kompagnon, den ich suchte. Sicher könnten mein Geschäftspartner in spe und ich auch eine Azubine gut gebrauchen, die mit ihrer vielen Arbeit keine Zeit für Trübsalblasen haben würde. Außerdem eine Zentrale mit unverfänglicher Adresse. Vielleicht in einem der noblen Jugendstilhäuser beim Mannheimer Wasserturm?

Als das Handy zu trillern anfing, musste ich lächeln. Meine Melanie war mir doch um einiges ähnlicher, als ich es je für möglich gehalten hätte.

Zu diesem Kurzkrimi passt hervorragend ...

ein Ausflug mit der Sesselbahn zur historischen Rietburg und ein ausgedehnter Spaziergang durch den idyllischen Pfälzerwald.
www.rietburgbahn-edenkoben.de

Und dazu natürlich als Wegzehrung zartschmelzende Trüffel – die Köstlichkeiten der Pfalz verpackt in vollendeter Schokoladenkunst.
www.trueffelshop.com

Monika Geier

Achten Sie auf die Blumen!

»Wir hätten Sie, glaube ich, gar nicht gebraucht«,
sagte Pathologe Dr. Veit schnaufend zu mir. Der
Waldhang war steil, und der Doktor hatte abgebaut,
seit seine Tochter an Leukämie erkrankt war. Aber
dieser Berg machte sogar den starken Männern vom
Bestattungsunternehmen Probleme. Wir beobachte-
ten, wie sie vorsichtig den Zinksarg abwärts trugen:
schmerzhaft angespannte Körper, verzerrte Gesichter.
Nichts ist peinlicher, als einen Sarg fallen zu lassen.
Als sie das Schlimmste geschafft hatten, wischte sich
Dr. Veit stellvertretend etwas Schweiß von der Stirn.
»Die Tochter und ihr Ehemann«, sagte er. »Die waren es. Sind gesehen worden, wie sie gestern Abend
hier mit einem Lieferwagen rausgefahren sind. Eben
wurde die Zeugenaussage aufgenommen. Vorn im Tal,
am Altersheim.« Er warf einen Blick auf den Tümpel.
»Und diese Blumen – das war wohl bloß ein Tick von
der Tochter.« Ein bisschen enttäuscht sah er schon
aus, schließlich hatte er mich quasi in Eigenverant-
wortung einbestellt und den Beamten als Gutachte-
rin vorgeschlagen. Zur Pflanzenbestimmung. Denn
in dem Teich, vor dem wir hier in der morgendlichen
Septemberluft standen, war eine Leiche geschwom-
men, eine Achtundsechzigjährige, erwürgt, und um

sie herum hatte irgendwer Blüten verstreut. Dem Doktor war beim Anblick der seltsamen Blüten unbehaglich geworden, da hatte er schnell eine Fachmeinung einholen wollen. Ich bin Biologin und Nachbarin von Dr. Veit. Kein Problem, hatte ich gesagt, ist ja in der Nähe. Und war gekommen. Inzwischen wusste ich nicht mehr, ob das eine gute Entscheidung gewesen war. Der Anblick der Leiche hatte mich mitgenommen. Auch der Platz war schaurig: ein schwarzdunkler winziger Tümpel in einem steilen Waldhang oberhalb des Hilschweihers, spiegelglatt unter hohen Bäumen und dramatisch eingefasst von einer feuchten Sandsteinmauer, die sich an der Bergseite hoch gegen die Böschung stemmte. Farnprothallien und Lebermoos bewuchsen den kühlen Ort. Im normalen Leben ist das eine Art Kinderspielplatz: Ein Gewässerschaupfad mündet hier, und in nicht mal hundert Metern Luftlinie, am Fuß des Hangs und am Ufer des Hilschweihers, steht eine urige, sonnenbeschienene Hütte. Das konnte dem düsteren Tümpel aber nicht seine sonderbare Aura nehmen. Zumal diese Tote darin gefunden worden war.

»Wahrscheinlich«, sagte Dr. Veit jetzt ernüchtert, »ist es ganz einfach. Wie immer: Es waren die nächsten Angehörigen. Eben die Tochter und deren Ehemann.« Er blickte bedauernd auf die nassen Blüten, die ich gemeinsam mit zwei Spurensicherern aus dem dunklen Gewässer gefischt hatte. Ich versuchte immer noch, sie möglichst schonend abzutupfen und zu fotografieren, bevor ich sie wieder den Polizisten überließ.

Dazu war ich hergekommen, das würde ich jetzt auch beenden.

»Angeblich ist der Kommissar schon weg, um das Ehepaar Lubba zu verhaften. Getränkegroßhandel. Wirtschaftlich unauffällig, aber ich hab gehört, dass sie mit Mutter Dohm Streit ums Erbe hatten.« Dr. Veit zupfte an einem der Löschpapiere, die ich vor mir ausgelegt hatte.

»Um welches Erbe?«, sagte da eine Stimme hinter uns forsch. Dr. Veit fuhr auf, ich wandte mich um: der Kommissar. Kimmel, so hieß er, ein sportlicher, wachsamer Typ mit melancholischen Augen. Er war der Einzige hier, der mit dem steilen Waldhang sicher klarkam und nicht ständig rutschte, keuchte oder fluchte. Er sah Dr. Veit an und lächelte. »Immer noch die alte Tratschtante, wie?«

Dr. Veit wirkte nicht beleidigt. »Ich wohne in Edenkoben!«, rief er. »Und ich meine gehört zu haben, dass unser Opfer Tilde Dohm sich selbst da unten in der Seniorenresidenz angemeldet hat. Ich weiß nicht mehr, wer das erzählt hat, aber es kommt ja nicht so häufig vor. Normalerweise werden die Alten von ihren Familien ins Heim gebracht.« Er blickte durch die Bäume in Richtung des Seniorenheims, das vielleicht einen Kilometer von hier das Waldtal bewachte. Ein gutes Haus, soweit ich das wusste. Gehobener Standard.

Der Kommissar wanderte um meine Löschpapiere herum. »Ach ja?«

»Kann gut sein, dass die junge Frau Lubba ihre Mutter gar nicht im Altersheim haben wollte. Jedenfalls nicht so früh. Was ein erstklassiges Motiv ist, finden Sie nicht auch?«

»Schon«, sagte Kimmel, den Blick auf meine Fundstücke gerichtet. »Aber diese Blumen!«

»Am Ende«, sagte Dr. Veit bitter, »ist es immer das naheliegendste Motiv. Geld, bei den Lubbas. Die Tochter hatte sicher Angst ums Erbe. Der Aufenthalt da unten würde es auffressen, da hab ich schon ganz andere Leute jammern gehört. Und dann müsste sie noch dazuzahlen, wenn's aufgebraucht ist.«

»Mag sein.« Kimmel sah mich an. Seine Augen glänzten. »Aber dieser Fall ist vielleicht anders. Tilde Dohm war, wie ich hörte, eine Hexe.«

»Allerdings keine Kräuterhexe«, sagte er sehr nachdenklich, als ich Kimmel einige Tage später auf seiner Dienststelle besuchte und meine Ergebnisse vorstellte. »Frau Dohm arbeitete mit Flüchen.«

Das sagte er so nüchtern und selbstverständlich, dass mich Zweifel an seiner Vernunft beschlichen. Guten Tag, was machen Sie so? – Ich arbeite mit Flüchen. – Ah, wie nett ...

»Wie darf ich mir das vorstellen?«, fragte ich.

Kimmel betrachtete mich grüblerisch. »Na ja, was genau sie gemacht hat, weiß ich auch nicht, aber sie hatte erstaunlich viele Kunden.« Er seufzte. »Beziehungsweise Kundinnen. Sie lebte allein, aber sie hatte Geld.«

Ich verschränkte die Arme. »Wissen Sie inzwischen Näheres über die Hintergründe des Mordes?«

»Des Tötungsdelikts«, verbesserte Kimmel und musterte das Handout, das ich ihm mitgebracht hatte, die Mappe zur Datei mit meiner Analyse. »Schwierig. Dohm war keine Frau, die man mit Blumen bekränzt in einem Waldteich erwartet.« Er schüttelte den Kopf. »Noch dazu erwürgt. Als Opfer eines *crime passionnel.*«

Da konnte ich nur zustimmen. Dohm war fast siebzig Jahre alt gewesen. Ihr Porträt in der Zeitung hatte ein hartes Gesicht mit scharfen Zügen gezeigt, blauschwarz gefärbtes Haar, kalte Augen. »Sie ist auch nicht mit Rosen bestreut worden«, sagte ich.

»Sondern? – Zauberpflanzen? – Lassen Sie sehen.« Kimmel schlug die Mappe auf, die ich ihm gebracht hatte, und verteilte die Bilder auf dem Tisch. »Also ich erkenne nur die Butterblumen.« Er wies auf ein Foto.

»Die Blüten des Kriechenden Hahnenfußes«, kommentierte ich. »Kann auch ein Scharfer dabei sein.«

»Scharfer?«

»Hahnenfuß.«

»Ah.«

»Das hier ist *Borrago officinalis*«, sagte ich rasch und wies auf ein Foto mit kleinen, blauen Blütensternchen. »Beziehungsweise seine Blüten. Im Volksmund Borretsch. Ein normales Gartenkraut. Schmeckt nach Gurke.«

»Und die anderen?«

»Tja«, sagte ich. »Das wären dann die Hexenpflanzen.«

Kimmels Blick glomm auf.

»*Atropa belladonna*, eine *Datura*-Art, und *Mandragora officinalis autumnalis*«, sagte ich. Die entsprechenden Blüten waren weit weniger auffällig als die von Borretsch und Hahnenfuß, die der Tollkirsche sahen braun und unscheinbar aus, die vom Stechapfel hatte ich kaum fotografieren können, so zermatscht waren sie schon am Tatort gewesen, und die Alraunenblüten waren auch eher blass. Blassblau.

Kimmel starrte die Fotos an. »Das sind seltene Blüten, nicht wahr?«, sagte er.

»Borretsch und Hahnenfuß nicht«, sagte ich.

»Aber die anderen?«

»Die«, gab ich zu, »müsste man suchen.«

»Wo?«

»Die Tollkirsche auf Waldlichtungen, den Stechapfel, also *Datura*, auf Schutthalden und die *Mandragora*, bei uns Alraune genannt – die ist hier in Rheinland-Pfalz nicht endemisch.«

Kimmel sah mich an.

»Das heißt, die wächst hier nicht wild«, sagte ich.

»Wo sind sie dann her? Die Alraunenblüten?«

Ich zuckte die Achseln. »Aus einem Garten.«

»Das heißt, es sind drei völlig verschiedene Standorte, und es gibt keinen Platz in der Gegend, wo diese Pflanzen gemeinsam vorkommen?«

»Stimmt«, sagte ich.

Ich hätte nicht lügen sollen. Das war ein großer Fehler. Ab diesem Zeitpunkt geriet ich ins Schwimmen. Doch ich log, ganz ohne nachzudenken. In Wahrheit wusste ich, wo diese drei Pflanzen an einem Platz vorkamen: hinter meinem Gartenzaun. In der Giftecke des alternativen Gartenbaubetriebs *Yggdrasil*. Dessen Inhaber gute Bekannte von mir waren. Aber ich konnte mir einfach nicht vorstellen, dass diese friedfertigen und stets entspannten Leute Mordgedanken hegten. Außerdem hätte ich dann auch von der Hanfplantage erzählen müssen, die versteckt neben den Mandragoren lag, und das wollte ich, wenn es ging, vermeiden. Dumm.

»Es ist einfach eine sinnlose Zusammenstellung«, lenkte ich deshalb auf die Nachfrage, wozu man denn diese Pflanzen normalerweise benutze, in Richtung Hexentränke und -rezepte ab. »Borretsch und Scharfer Hahnenfuß enthalten keine spektakulären Substanzen. Aber sie sind hübsch, und sie blühen noch, obwohl September ist. Meiner Meinung nach waren sie eine Art Schmuck, weil sie bunt und auffällig sind. Dann Alraune, Tollkirsche und Stechapfel – das sind natürlich Klassiker, aber es ist keine aufregende Kombination. Auf mich wirkt es redundant, die drei zu mixen. Hilflos.«

»Warum?«, fragte Kimmel mit zusammengezogenen Brauen.

»Weil sie Mitglieder derselben Pflanzenfamilie sind. Nachtschattengewächse. Und sie haben auch dieselben Wirkstoffe. Hyoscyamin, Scopolamin und Atropin. Das steckt auch nicht mal besonders konzentriert in den Blüten. Ich glaube kaum, dass Frau Dohms Trauerflor ein echtes Rezept zugrunde liegt.

Wenn Sie mich fragen, ist das einfach eine ziemlich platte Anspielung auf die – na ja – esoterischen Aktivitäten der Dame.«

Kimmel betrachtete mich einen Moment lang forschend. Dann beugte er sich ganz plötzlich zu mir vor und sagte leise: »Genau das hat die Tochter auch gesagt.«

»Frau Lubba, Dohms Tochter, die Mordverdächtige?« Dohm juniora saß inzwischen in Haft.

»Die *Tat*verdächtige. Frau Lubba sagt, jemand habe sie angerufen und sich für den Besitzer der *Hilschweiherhütte* ausgegeben, dem der Wein ausgegangen sei. Er habe drei Kisten Riesling bestellt, die er spätestens am darauffolgenden Morgen an die Hütte geliefert haben wollte. Der Anrufer habe größere Aufträge in Aussicht gestellt, wenn die Angelegenheit sofort erledigt würde. Er habe seriös geklungen und eine glaubwürdige Rechnungsadresse genannt.«

»Stimmt, die Lubbas betreiben ja diesen Getränkegroßhandel.«

Der Kommissar blickte mich lauernd an. »Das wissen Sie?«

»Ich wohne hier«, sagte ich nüchtern.

Er schob meine Blumenbilder auf dem Tisch herum. Er wirkte angespannt. »Außerdem ist die Tochter so eine Art Heilerin. Hat zwar keine heilpraktische Zulassung, aber sie macht Kräuterwanderungen. Und vertreibt Mittelchen unter der Hand.« Er sah auf.

Na bitte, dachte ich. Deutlicher kann die Verbindung ja wohl kaum sein.

»Ich muss Ihnen ehrlich sagen, dass ich inzwischen Zweifel habe, ob sie es wirklich war«, sagte Kimmel indessen. »Sie hätte doch niemals so eine deutliche Verbindung zu ihrem – hm, Hobby, selbst inszeniert.« Er blickte mir scharf ins Gesicht. »Ich hab eine Bitte. Würden Sie mal mit dieser Frau reden?«

Der zweite und größere Fehler war, dieser Bitte des Kommissars nachzugeben. Überhaupt hinzugehen und an der Untersuchung teilzunehmen – ich hätte es sein lassen müssen. Von Anfang an. Denn tatsächlich kannte ich sowohl die Lubba als auch ihre Mutter. Schließlich, ich erwähnte es schon, wohne ich hier. Und leider war ich diesen Frauen auch längst in die Fänge geraten. Dass sie mit Flüchen arbeiteten: Ich wusste es nur zu gut. Sie hatten mich verflucht. Erfolgreich, wie sie sich einbildeten. Ihren Zorn heraufbeschworen hatte meine Artikelserie über blaue Beeren (es gibt erstaunlich viele davon, auch giftige und heilkräftige), die ich vor Jahren mal für das *Pollichia*-Vereinsheft verfasst habe. Diese Artikel waren so beliebt, dass sie später in der *Rheinpfalz* abgedruckt wurden, ich bekam sogar Leserbriefe. Positive. Nur ein fieser war dabei: von Frau Lubba. Sie schrieb (hier die Kurzfassung), dass mir der Blick fürs große Ganze fehle und dass es überwältigende praktische Beweise für den Einfluss des mentalen Befindens der erntenden Person und dem Gesamtzustand des Universums auf die Anreicherung bestimmter Wirkstoffe in Pflanzen und so auch in jeder Art von blauen Beeren gebe.

Das zu glauben, schrieb ich freundlich zurück, sei ihr gutes Recht. Dann sollte ich gefälligst meinen kurzsichtigen intellektuellen Mist verbrennen, öffentlich Abbitte leisten und ihren Artikel als Richtigstellung in die *Rheinpfalz* setzen, war die Antwort. Darauf erwiderte ich gar nichts. Was hätte ich sagen sollen? Dass sie unverschämt und dumm war? Dass ich bei der *Rheinpfalz* nichts zu bestimmen hatte? Und falls es so wäre, dass ich dann nicht noch die Medienpräsenz einer gefährlichen Irren befördern wollte?

Wobei: Für gefährlich hielt ich die Lubba damals eigentlich nicht. Nicht, als sie mir an meine Privatadresse schrieb, ich solle auf mein Leben aufpassen, da laufe einiges im Untergrund schief, nicht, als ihre Mutter mir dieselbe Warnung auf teurerem Papier zukommen ließ, und nicht mal zwei Jahre später, als mein Gatte mich wegen einer Abiturientin verließ. Zu dieser Zeit hatte ich weiß Gott an anderes zu denken als an eine verrückte Kräuterhexe. Aber als sie mir einige Monate nach der Trennung schadenfroh mitteilte, gerade wegen meines mutmaßlichen Unglaubens sei mein (durch ihr und ihrer Mutter Zutun) verpfuschtes Leben der schlagende Beweis, dass die magische Macht ihrer Familie ungebrochen sei, da war ich schon schockiert. Dass mein Mann mich verlassen hatte, schrieb sie, sei bei meinem Verhalten (ihr gegenüber) völlig logisch gewesen. Und das nahm mich tatsächlich mit. Nicht, weil ich annahm, dass sie Gewalt über mein Schicksal besaß. Mich erschreckte die Niedertracht, mit der sie versuchte, sich meines Verlustes zu bedienen. Auch das schrieb ich ihr selbstverständlich nicht, ich wollte mit dieser Verrückten nichts zu tun haben. Doch jetzt saß sie in Handschellen vor mir, und ich sollte ihre Unschuld beweisen.

Ich kam nicht dazu.

Kaum hatte ich den Vernehmungsraum betreten, erhob sie sich. »Ha!«, rief sie. »Die kenne ich!«

»Ach ja, woher denn?«, fragte der Kommissar.

»Jetzt haben Sie, was Sie wollen, nicht wahr?«, fuhr Lubba mich an, ohne ihn zu beachten. »Meine Mutter ist tot, und ich sitze dafür im Gefängnis! Das muss ein Fest für Sie sein, Sie, Sie …!«

Ich war bestürzt über den jähen Angriff, denn tatsächlich hatte ich die Lubba nie wirklich getroffen. Wir hatten nur schriftlich verkehrt. Ich hätte sie auf der Straße nicht erkannt, sie mich offenbar schon.

»Die da!«, rief sie voll Rage in Richtung des Kommissars. »Die hat meine Mutter gehasst. Fragen Sie die doch mal, wo sie Freitagnacht war!«

Freitagnacht war ich aus gewesen, mit Freundinnen im Kino, allerdings nicht die ganze Nacht. Mein Motiv war nicht sehr stark, meine Leumundszeugen zahlreich und zuverlässig. Trotzdem: Kommissar Kimmel wurde misstrauisch. Und es ist ein echtes Unding, dass eine Frau wie die Lubba es noch gegen mich benutzen kann, mir diese irren Briefe geschickt zu haben. Hau ihr eine rein und dann verleumde sie, weil sie sich krümmt. Meine Wohnung wurde durchsucht. Zwei

Mal. Ich hatte die Briefe natürlich nicht aufgehoben. Man fand also nichts, die Nachbarn begannen trotzdem zu reden. Dann rief mich eines Abends Dr. Veit an. Er machte einen sehr nervösen Eindruck, im Grunde stammelte er die ganze Zeit. Er teilte mir mit, dass die *Yggdrasil*-Gärtner ihn um Rat gebeten hätten. Sie hatten in der Zeitung von gewissen Nachtschattengewächsen gelesen, nach denen die Polizei forsche, und sie wüssten, dass bei mir Haussuchungen gemacht worden waren. Sie wollten mich nicht denunzieren, aber Tatsache sei, dass ihr kleiner heimlicher Giftgarten geplündert worden war (sie hatten an Kaninchen gedacht), und dieser Garten grenzte, wie jeder in der Nachbarschaft wusste, an meinen. »Ich musste ihnen raten, die Wahrheit zu sagen«, stammelte Dr. Veit. »Ich musste es, Frau Heller, Sie haben doch ein Alibi für Freitagnacht, oder nicht?«

Am nächsten Morgen besuchte mich der Kommissar. Allein. Es war gruselig. Kimmel betrachtete nervös meinen Flur, den er zweimal komplett auseinandergenommen hatte, ich bat ihn nicht weiter herein. Dann flüsterte er mir zu, dass ich gelogen hätte, dass die ach so seltenen Hexenkräuter alle zusammen praktisch in meinem Garten wüchsen, und dass er mich augenblicklich dem Haftrichter vorführen würde, wenn er auch nur die geringste Chance sähe, den Staatsanwalt von der Unschuld der Lubbas zu überzeugen. Ich sagte, dass er in diesem Fall auch meine Täterschaft zu beweisen hätte, und das würde ihm schwerfallen.

Er sah mich lange an. »Sie waren es«, sagte er.

»Nein«, sagte ich.

»Warum haben Sie gelogen?«

»Das hab ich nicht«, log ich. »Ich hab nur einfach nicht alles im Kopf, was bei den Nachbarn im Garten steht. Daraus können Sie mir keinen Strick drehen.«

Konnte er auch wirklich nicht. Denn ich war unschuldig. Leider war ich im Verlauf der Angelegenheit aber zu der Überzeugung gelangt, dass die Lubbas es auch nicht gewesen sein konnten. Die Umstände waren zu merkwürdig. Ein Telefonanruf an Getränkegroßhändler Lubba von einem Wegwerfhandy aus war dokumentiert. Vom selben Anschluss war auch die alte Frau Dohm angerufen worden. Daraufhin hatten sich die Lubbas ins Tal begeben, und Tilde Dohm war zu einem Spaziergang aufgebrochen. Nachbarn hatten sie dabei gesehen. Was in der Folge genau geschehen war, konnte niemand sagen, aber Tatsache war, dass Dohm selten ausging und sich vermutlich nicht zu Fuß auf den Weg zu ihrer Tochter gemacht hätte, die am anderen Ende der Stadt wohnte. Überdies meinte inzwischen eine Nachtschwester aus dem Altersheim, in jener Nacht noch ein anderes Auto gehört zu haben, sehr viel später, und zudem einen seltsamen Schrei vom See her.

Was mich aber letztlich von der Unschuld der Lubbas überzeugte, waren die Blüten, die wir aus dem Tümpel gefischt hatten. Ich recherchierte in sämtlichen Kräuterbüchern, die ich besaß, fand aber kein

Rezept, das außer *Datura, Belladonna* und *Mandragora* auch noch Borretsch- und Hahnenfußblüten enthielt. Diese leuchtend blauen und gelben Blumen konnten eigentlich nur ein Hinweis sein: *Achtung! Bemerkt die Blumen! Hier war eine Kräuterhexe am Werk!* Ein solches Signal hätte Lubba aber bestimmt nicht gesetzt, selbst wenn sie sonst nicht ganz bei Trost war und ihrer Mutter vielleicht wirklich Hexenkräuter hinterhergestreut hätte. Und dann hatte die Kollektion eben auch insgesamt dieses Wahllose, als wäre wirklich einer irgendwo vorbeigekommen, wo die drei Gewächse zufällig zusammenstehen ...

Ich ging in den Garten. Ganz nach hinten, zum Zaun, tatsächlich hatte ich mir den Giftgarten der *Yggdrasils* und seine Verwüstung noch gar nicht angesehen. Als ich näher kam, hörte ich das dezente Rattern einer kleinen elektrischen Motorsense. Ich blickte über den Zaun und sah etwas weiter hinten im *Yggdrasil*-Garten einen Rücken, ungefähr dort, wo die Hanfplantage hinter ein paar Holundersträuchern versteckt ist. Ich wollte mich eben diskret zurückziehen, da spähte ein Mann hinter dem Holunder hervor, sah mich, legte die Sense ab und kam näher. Andreas. *Yggdrasil* persönlich sozusagen, der Inhaber der Gärtnerei.

»Hi«, sagte ich und schaute auf seinen Giftgarten. Die bewussten Pflanzen standen dort sehr ordentlich nebeneinander in verschieden angelegten Beeten, besonders verwüstet sahen sie nicht aus.

»Hi«, sagte Andreas und nickte. Er nickte eigentlich immer, schwebend, unwillkürlich, ganz leicht. »Ärger mit den Bullen, hab ich gehört.«

Ich zuckte die Achseln. »Warum züchtet ihr eigentlich Tollkirschen?«, fragte ich ihn.

Schniefen. »Das musst du Gudrun fragen. Tja, du weißt ja, du kannst unsere Sachen kaufen, wir machen dir auch nen Nachbarinnenpreis, du musst nur fragen.« Er sah mich strafend an. »Die Alraunenblüten, die haben Gudrun wehgetan. Die sind selten, die herbstblühenden.«

»Ich hab nichts genommen«, sagte ich.

Andreas schaute mir in die Augen. Er schien mir zu glauben. »Der Leichendoktor hat mich deswegen angerufen. Aber das muss er mit dir ausmachen. Mich hat er nur gewarnt, dass die Bullen heute vorbeikommen, um unseren Garten anzugucken, also mach ich mal ein bisschen sauber. Ist ja nicht mehr viel, aber trotzdem. Muss mich sputen.« Er wandte sich ab und winkte mir zu. »Bye.«

»Bye«, sagte ich.

Der Leichendoktor hat mich angerufen.

Er hat *dich* angerufen?

Ich lehnte mich an den Zaun.

Moment mal.

Mich hat er auch angerufen, wollte ich Andreas hinterherschreien, doch ich blieb stumm. Weil meine Gedanken sich gegenseitig überholten. Ja, Dr. Veit, unser Nachbar, der sich hier in den Gärten genauso auskannte wie ich, hatte mich angerufen. Damals,

als noch nicht sicher war, ob sich wirklich ein Zeuge dafür finden lassen würde, dass die Lubbas an diesem Abend ins Tal gefahren waren. Damals, als die Blüten einiger Zauberpflanzen die einzige und wichtigste Verbindung zwischen der Kräuterheilerin Lubba und dem Leichenfund ihrer Mutter hätten werden können.

Dr. Veit!

Das war ja ein Ding.

Aber wieso sollte er Tilde Dohm umbringen?

»Andreas!«, rief ich laut.

Er schaltete die Sense aus und kam heran.

»Hör mal«, sagte ich, »hast du von dieser Sache gehört? Von der Frau, die tot am Hilschweiher gefunden wurde? Tilde Dohm?«

Andreas' Gesicht verdüsterte sich. In seiner holistischen Welt, wusste ich, war schon der Gedanke an Mord die Einlasspforte für alle möglichen *bad vibes*, die unser Universum bedrohten.

»Du«, sagte er leicht hochnäsig, »ich habe davon gehört, aber mich nicht damit beschäftigt. Das gibt schlechte Energie.«

»Ja«, sagte ich. »Hast du Tilde Dohm gekannt?«

»Nein«, sagte er.

»Ihre Tochter heißt Lubba. Ist so ne Art Kräuterfrau. Die müsstet ihr aber kennen.«

Er schüttelte den Kopf.

»Sie arbeitet mit Flüchen«, wiederholte ich Kommissar Kimmels Worte. Andreas sah mich entsetzt an.

»Ich hab von diesen Frauen nie gehört«, sagte er sehr

fest. »Und den Hilschweiher mag ich nicht. Touristen. Alkohol. Kein guter Ort.«

»Ja«, sagte ich wieder. »Aber unser Nachbar, Dr. Veit ...«

Andreas schniefte und wandte sich halb in Richtung seiner illegalen Pflanzung. »Hat mich angerufen, ja.«

»Er dich?«

»Er mich.« Andreas guckte nachsichtig. »Er ist schließlich mit den Bullen per du und weiß, wann die kommen.«

»Und er hat gesagt, ich hätte euren Giftgarten geplündert?«

»Ich glaub das nicht«, sagte Andreas sofort. »Das bist nicht du.«

»Danke«, sagte ich. »Aber irgendwer war's.«

Andreas schniefte wieder.

»Glaubst du«, sagte ich vorsichtig, »in einer absoluten Notsituation, wenn es gar nicht anders ginge, würde ich vielleicht doch bei dir Pflanzen klauen?«

»In so eine Situation kommst du nicht.«

»Und Dr. Veit?«

Andreas dachte nach. »Ja«, sagte er schließlich nüchtern. »Der würde das machen.« Und drehte sich um und marschierte zu seinem Hanfbeet.

Ich hab keine Ahnung, was Dr. Veit mit den Lubbas oder der Dohm hatte. Ich hab mich aber ein bisschen umgehört. Ein alter Bekannter von der *Rheinpfalz* hat mir erzählt, dass Frau Lubba nicht davor zurückschreckt, kranken bis todgeweihten Menschen ihre

Mittelchen zu verkaufen, ja, dass sie es speziell auf diese Kundschaft anlegt, weil die bereit ist, viel Geld auszugeben. Vielleicht ist Dr. Veits leukämiekranke Tochter in die Fänge dieser Frau geraten. Das wäre die einfache Erklärung. Allerdings glaube ich, dass die Sache tiefer geht. Vielleicht hatte Dr. Veit einen von Lubbas Patienten nach dessen Ableben obduziert? Und erkannt, dass hier einem verzweifelten Menschen unmittelbar vor dem sicheren Tod noch teure oder sogar schädliche Wundertinktürchen angedreht worden waren? Dann reichte es sicher, die Angelegenheit einfach nur anzusprechen. Wenn schon meine harmlosen Artikel den Racheapparat der Lubbas anwerfen konnten, muss es für einen echten Mediziner noch ungleich mehr Möglichkeiten geben, sich ihre Feindschaft einzuhandeln. Da die Lubba das Unglück anderer Leute geschäftsmäßig ausnutzte, wird sie sicher auch über die Leukämie von Dr. Veits Tochter informiert gewesen sein. Und sich freudig zur Verantwortung bekannt haben.

Es steht übrigens schlimm um die arme junge Frau. Sehr fraglich, ob sie die Krankheit übersteht. Ich denke, wenn Veit in dieser Situation einen Brief von der Lubba – oder ihrer Mutter – bekommen hat, so einen wie ich, dann ist es eigentlich nur natürlich, dass er Mordgedanken entwickelte. Ich hab damals auch erwogen, dieser Sippschaft die Häuser anzuzünden. Und mein Fall war längst nicht so dramatisch wie der von Dr. Veit. Wenn ich nicht nur eine Trennung, sondern den Todeskampf eines geliebten Menschen auszuhalten gehabt hätte, wenn es mein Kind gewesen wäre, das, von einem schrecklichen Fluch belegt, vor meinen Augen mit dem Tod ringen musste, wer weiß, ob ich dann nicht auch hingegangen wäre, um die Quelle des Bösen zu beseitigen. Ganz einfach.

Bleibt die Frage, was ich jetzt mit meinen Erkenntnissen unternehmen werde. Ich denke mal: nichts. Dr. Veit ist ein sehr lieber alter Nachbar von mir. Er befindet sich in einem verständlichen Ausnahmezustand, wird sich aber wieder einkriegen. Ich will ihn nicht belasten. Darum denke ich, dass ich alles Weitere der für die Lubba zuständigen Instanz überlassen werde: dem Universum. Wer bin ich schon, am Weltgefüge zu schrauben? Ich bin mir sicher: Das alles hat einen tiefen ganzheitlichen Sinn.

Zu diesem Kurzkrimi passt hervorragend ...
der Besuch des wunderschönen Kräutergartens der Klostermühle in Edenkoben
www.kraeutergarten-klostermuehle.de

und danach ein 2014er Pinot blanc de noir brut vom Weingut Nicole Graeber aus Edenkoben. Diese prickelnden Perlen eignen sich hervorragend als Aperitif – garniert mit einer frischen oder geeisten Himbeere –, aber auch zu feinen Parmesanplätzchen.
www.weingut-graeber.de

Elke Pistor

Arsen und Spitzenweinchen

»Klub der Krimiliebhaber.«

Heinz-Hermann Poroll blies mit gespitzten Lippen die Luft aus, als produziere er kleine Rauchwölkchen. Ein Überbleibsel aus einer Zeit, in der das Rauchen in öffentlichen Räumen im Allgemeinen und ihm im ganz Speziellen noch gestattet war. Es hatte ihm damals sehr beim Nachdenken geholfen.

»Klub der Krimiliebhaber«, wiederholte er, schnippte ein Staubkorn vom Revers seines Jacketts und sah sich im Raum um.

Das erste Bücherhotel, wie das Hotel *Gutshof Ziegelhütte* sich rühmte, war in der Tat ein würdiger Ort für die geplante Gründungsversammlung. Das Hotelrestaurant war nicht nur bei den Einheimischen wie ihm für seine gute Küche beliebt, sondern auch bei den Gästen von nah und fern für seine Gastfreundschaft bekannt. Erholungssuchende fanden hier Ruhe und Muße, Firmentagungen die richtige Mischung aus Arbeit und Geselligkeit. Vor allem aber die Bücher machten die *Ziegelhütte* zu etwas ganz Besonderem, dem sich auch Hans-Hermann Poroll nicht entziehen konnte. In jedem Raum standen, lagen und stapelten sie sich, insgesamt im ganzen Haus mehr als fünftausend Stück. In dieser Hinsicht konnte das Hotel mit jeder gut sortierten Kleinstadt-Bücherei mithalten. Der große Unterschied bestand allerdings darin, dass sich hier jeder die Bücher mitnehmen konnte – vorausgesetzt, man brachte dafür zwei andere Bücher mit, die man schon ausgelesen hatte.

Und so kam es, dass sich auf den Brettern der schwedischen Regale bewährte Klassiker neben aktuellen Bestsellern, praktische Bastelbücher neben poetischen Gedichtbänden und Reiseführer neben Heimatromanen tummelten. Und natürlich Krimis jeglicher Couleur. Regio, Splatter, Polit. Von Cosy bis Thriller alles dabei. Skandinavische, amerikanische, englische und seit Kurzem auch eine erkleckliche Anzahl Kriminalromane deutschsprachiger Autoren, die Heinz-Hermann buchstäblich verschlang, seitdem er als Kriminalhauptkommissar in Altersteilzeit gegangen war und deutlich mehr Zeit zur Verfügung hatte. Hans-Hermann Poroll schlenderte langsam an dem Regal entlang und ließ seinen Finger über die Buchrücken streifen. Vor einer Woche war er dreiundsechzig Jahre alt geworden. Und jetzt blieben noch zwei Tage Dienst, dann war endgültig Schluss mit Mord und Totschlag. Was nicht bedeutete, dass er ab dem Zeitpunkt seiner Pensionierung alles vergessen würde, was er während seiner Arbeit bei der Mordkommission an Erfahrungen und Wissen über die Jahre angesammelt hatte. Heinz-Hermann kannte alle Todesarten. Die natürlichen und die unnatürlichen. Die natürlich besonders gut. Und seine kleinen grauen Zellen gingen noch lange nicht in den Ruhestand. Die funktionierten tadellos.

Seine bevorstehende Pension war auch der Grund gewesen, warum er der Einladung für den heutigen Abend überhaupt gefolgt war. Zu oft hatte er sich über die Art und Weise geärgert, wie die Arbeit der Polizei in den Filmen und Büchern dargestellt wurde. Oder wenn Mörder nicht überführt wurden, weil die Kommissare von den Autoren als die letzten Trottel dargestellt wurden. Vor allem in den alten englischen Krimis kam das häufiger vor, als es ihm lieb war. Da lösten Privatdetektive und Alte Jungfern die kompliziertesten Fälle, nachdem die Staatsmacht kläglich versagt hatte. Was für ein Unsinn.

»Wir nennen uns den Freitagabend-Klub.« Ruth Erford rückte die ausgebreitete Serviette in der Mitte des Tisches zurecht und stellte die dampfende Teekanne darauf. Mit erhobener Hand wehrte sie den Einspruch ihres Gegenübers ab, bevor dieser ihn äußern konnte. »Der Name ist eine Reminiszenz, mein lieber Heinz-Hermann.« Sie lächelte liebenswürdig, schob ihren Stuhl zurecht und nahm Platz. »An Agatha Christies Miss Marple. In ihren Kurzgeschichten löst Jane Marple im Dienstagabend-Club komplizierte Mordfälle«, ergänzte sie freundlich, als ginge sie davon aus, dass er es nicht wüsste. Oder als ob sie ihn für blöd hielte. Was sie wahrscheinlich auch tat. Heinz-Hermann stieß zur Beruhigung drei weitere imaginäre Rauchringe aus. Er würde sich von ihr nicht die Butter vom Brot nehmen lassen. Mochte sie noch so säuseln und von den raffinierten Ermittlungsmethoden der fiktiven Kollegen in der angelsächsischen Literatur schwärmen. Fakt war, dass sie zwar glaubte, Ahnung zu haben, ihre Kenntnisse aber ausschließlich aus den bluttriefenden Kriminalromanen stammten, die sie stapelweise aus dem Bücherhotel nach Hause trug. Natürlich nicht, ohne für jedes Buch, das sie mitnahm, auch zwei in die Hotelregale zu stellen. Dabei wirkte sie selbst eher wie eine vornehme englische Lady. Sie trug ein schwarzes Kleid, um den Hals wand sich ein weißer weicher Wollschal, ihr hochgebundenes graues Haar steckte unter einer selbst gestrickten Mütze und ihre Hände in Handschuhen ohne Fingerspitzen. Mehr als einmal waren sie schon in heftigen Streit darüber geraten, wie unwahrscheinlich es war, dass ein Mörder mit solchen Mordmethoden zunächst unentdeckt und erst von einer Laienermittlerin überführt werden konnte. Auch die Zusammenhänge schienen ihm doch mehr als hanebüchen und vergällten ihm jeden Lesespaß.

Ruth Erford bückte sich zu dem Korb, den sie mitgebracht und neben ihrem Stuhl abgestellt hatte, und zog ein Strickzeug heraus. Sie legte es neben ihre Teetasse, rückte es kurz zurecht und goss sich eine Tasse Tee ein. »Möchtest du auch, mein lieber Heinz-Hermann?«

Er nickte stumm. Der Klub war ihre Idee gewesen, und Heinz-Hermann hatte sich darüber geärgert, dass ihm das nicht selbst eingefallen war. Ruth Erford hatte auch die Einladungen verschickt. Gründung eines

Krimi-Klubs. *Wir lesen, diskutieren und suchen gemeinsam den Mörder. Mit scharfem Verstand, Sachkenntnis und einer guten Tasse Tee*, hatte in der Einladung gestanden. Die Liste, wer alles eingeladen worden war, lag auch dabei. Damit man von vorneherein wusste, mit wem man es zu tun bekommen würde. Eigentlich eine wunderbare Idee, auch wenn er das niemals zugeben würde, weil es eben nicht seine, sondern ihre Idee gewesen war. Was ihn letztlich aber dann doch nicht davon abhielt, sich kräftig zu engagieren. Vielleicht ergab sich so für ihn die Chance, die Sache ein bisschen mehr in die Richtung zu lenken, die ihm vorschwebte. Schließlich liebten und lebten die Edenkobener ihre zahlreichen Vereine und Klubs. Reiten, Tennis, Fußball, Schützen, Posaunenchor, Sportfischer, Kampfsport, diverse Chöre und, und, und. Für jeden war etwas dabei. Keiner musste sich langweilen, und normalerweise war die Resonanz auch immer sehr erfreulich. Normalerweise.

Heinz-Hermann Poroll, der zukünftige Kriminalhauptkommissar a.D., sah zu den leeren Stühlen, überlegte kurz, ob es nicht doch besser gewesen wäre, das Treffen heute abzusagen, und seufzte.

Nora Wüllenbach hatte auf der Einladungsliste gestanden, die Mitvierzigerin mit Haaren, deren Rot zu rot und deren Locken zu lockig waren, um echt zu sein. Das war sogar ihm sofort aufgefallen, als Nora vor zwanzig Jahren mit ihrer Familie aus dem nur vierzig Kilometer entfernten Mannheim hierhergezogen war, um, wie sie mit leicht schwärmerischem Unterton sagte, das ursprüngliche Landleben an der Weinstraße zu zelebrieren. Sie und ihr Mann hatten damals das alte Haus von Käthe Bronnenfels gekauft und wieder zurechtgemacht. Geöltes Parkett, restaurierte Holzfensterrahmen und freigelegtes Fachwerk. Mittlerweile war sie geschieden, die Kinder studierten irgendwo weiter weg, und sie lebte allein mit vier Katzen von astrologischen Heilberatungen. Was immer das auch sein sollte. Mit dem ganzen Ökoquatsch hatte Heinz-Hermann noch nie wirklich viel anfangen können. Aber was wollte man von so Zugezogenen auch schon groß erwarten.

Umso erstaunter war er gewesen, dass die Leidenschaft für dasselbe Literaturgenre sie vereinte. Zumindest im großen Zusammenhang. Nora Wüllenbach liebte die dunkeldüsteren Skandinavier. Sie hatte eine Schwäche für die missbrauchten, depressiven, alkohol- und diabeteskranken Ermittler des hohen Nordens entwickelt, die er ihr auch in vielen angeregten Diskussionen auf der Treppe der Bibliothek nicht hatte ausreden können. Trotzdem hatte sie ihm bereitwillig die Tür geöffnet und ihn auf eine Tasse Brennnesseltee eingeladen, als er sie im Vorfeld dieses Gründungstreffens besuchen ging, um sie von seiner Sicht der Dinge, was den Namen des Krimi-Klubs und seine Statuten anging, zu überzeugen. Sie hatte sich sogar über die Pralinen gefreut, die er ihr mitgebracht hatte. Und es hatte ihm wirklich leidgetan, als er erkannte, dass die Leiche, zu deren Fundort er gerufen worden war, eben diese Nora Wüllenbach war. Auf dem Parkplatz am Hilschweiher hatte sie in ihrem Auto gesessen und die morgendliche Gelassenheit von zwei Wanderern doch erheblich durcheinandergebracht. Seine vorpensionärliche Gelassenheit im Übrigen auch. Denn er konnte sich deutlich bessere Optionen vorstellen, als seine zu diesem Zeitpunkt noch verbleibenden zwei Diensttage mit der toten Nora Wüllenbach zu verbringen. Aber gut. Musste er eben noch mal ran.

Dabei sah es eindeutig wie ein Selbstmord aus. Die Fahrt an ein schönes, romantisches Örtchen, der Schlauch am Abgasrohr und alle Fenster und Türen geschlossen.

Er hatte sich absichtlich zurückgehalten und den jungen Kollegen nicht reingeredet. Sie mussten ihre Meriten schon selbst sammeln. Es war aber trotzdem ein ziemlicher Rummel gewesen. Noch im Tode viel Bohei. Das passte zu Nora Wüllenbach.

Da war ihm Klaus Grüttelrath schon lieber. Wobei das in diesem Zusammenhang vielleicht der falsche Ausdruck war. Heinz-Hermann kannte Klaus, seit er vor neununddreißig Jahren seine Hilde geheiratet und zu ihr auf den Hof seiner Schwiegereltern gezogen war. Seine Arbeit als Englischlehrer gestattete es ihm, sogar im beruflichen Zusammenhang zu lesen. Seine Schwäche waren die harten amerikanischen Hardboiled-Krimis, deren heruntergekommene Detektive in noch heruntergekommeneren Gesellschaften ermittelten, die Justiz-Thriller und das Ausweiden von Leichen, dem Heinz-Hermann nun so gar nichts abgewinnen konnte, wahlweise durch den Psychopathen oder den Gerichtsmediziner. Bis auf diese kleine Dauerfehde hatten sie sich aber bestens verstanden. Heinz-Hermann wusste nicht mehr, auf wie vielen Festen er mit Klaus zusammen vor oder hinter der Theke gestanden hatte. Außerdem waren beide noch im Kulturverein und im Heimatbund aktiv. Klaus ja nun seit drei Tagen nicht mehr. Da hatten sie ihn am Triefenbach gefunden. Lag der Länge nach neben den historischen Waschbänken und rührte sich nicht mehr. Noch im Tode hielt er einen leeren weißen Notizzettel in der Hand, dessen Bedeutung niemand verstand. Und was Klaus dort überhaupt zu suchen gehabt hatte, konnte sich auch niemand erklären. Wirklich sehr tragisch. Dabei hatte Heinz-Hermann definitiv das Gefühl gehabt, ihn nach ihrem Gespräch am Vorabend seines Todes auf seine Seite gezogen zu haben. Schade, dass es dann doch so enden musste.

Heinz-Hermann griff zu der kleinen Zuckerschale, stieß den Löffel tief hinein und schaufelte sich einen Berg Zucker in seinen Tee. Die Milch, die Ruth Erford ihm mit einem Nicken zuschob, ignorierte er geflissentlich und rührte klimpernd in seiner Tasse.

»Fast könnte man den Eindruck haben, es stecke System hinter der Sache«, murmelte Heinz-Hermann. Er rührte schneller und runzelte die Stirn. »Nora Wüllenbach, Klaus Grüttelrath und erst heute Morgen

Margret Lubitz. Dabei hatte ich gestern erst mit ihr telefoniert.« Er schüttelte den Kopf. »Alle zum heutigen Treffen eingeladen, alle Krimiliebhaber, und alle tot.« Ruth Erford nickte bedächtig und wickelte etwas Garn ab, bevor sie ihn aufmunternd anlächelte.

»Berichten Sie, mein lieber Heinz-Hermann.«

Heinz-Hermann Poroll zögerte, trank einen weiteren großen Schluck Tee und schüttelte den Kopf.

»Dabei war sie so fit. Immer sportlich. Fuhr jeden Tag mehrmals die etwas über drei Kilometer mit dem Fahrrad von Edesheim nach Edenkoben.«

»Das hat ihr anscheinend auch nichts genutzt«, murmelte Ruth Erford.

»Was?«

»Nichts, mein Lieber. Nichts. Ich wollte Sie nicht unterbrechen. Bitte verzeihen Sie mir.«

»Am Fuß der Treppenstufen vor der Villa Ludwigshöhe lag sie da, mit gebrochenem Genick«, fuhr Heinz-Hermann Poroll fort. »Wie viele der Stufen sie wirklich hinabgestürzt ist, muss erst die Spurenanalyse ergeben. Es sieht aus, als sei sie gestolpert. Vielleicht ist sie in Eile gewesen? Dabei kannte Margret Lubitz die Geschichte der Ludwigshöhe und der Stadt Edenkoben wie ihre Westentasche – von der ersten Erwähnung Edenkobens im Jahr 769 über die Grundsteinlegung der Villa im Jahr 1846 bis heute.« Er hob den Zeigefinger. »Das kann auch nicht jeder von sich behaupten.«

»Von einer der Gästeführerinnen, die für die Besucher auf Abruf bereitstehen, kann man das auch erwarten.« Ruth Erford trank einen Schluck Tee.

Heinz-Hermann nickte und erinnerte sich daran, wie lebendig ihre Erklärungen gewesen waren. Letztes Jahr hatte er an einer ihrer Gästeführungen teilgenommen. Und auch wenn sie ihm nichts Neues erzählt hatte – den kunstsinnigen Erbauer des Turms, Ludwig I., hatte er förmlich vor sich gesehen, wie er durch Italien reiste, Impressionen sammelte und von einem eigenen Bauwerk in dieser Stilrichtung träumte. Und er war unbedingt geneigt gewesen, Ludwig in seiner Weigerung zuzustimmen, für das Schloss einen eigenen Park anzulegen. »Ein besonderer Garten ist überflüssig, alles Land ringsumher ist, soweit das Auge reicht, ein großer Garten«, zitierte er den pfälzischen Wittelsbacher gerne.

Er lachte leise in sich hinein. Das passte zu den Edenkobenern, ihre eigene Sparsamkeit hinter einem guten Argument zu verstecken.

»Mein Lieber. Haben Sie sich denn nicht gefragt, was sie da tat?«, riss Ruth Erford ihn aus seinen Gedanken.

»Es ist doch nichts Ungewöhnliches für eine Gästeführerin, wenn sie sich vor Ort umschaut«, brummte Heinz-Hermann Poroll ungehalten.

»An einem Ort, den sie, wie Sie selbst sagen, wie ihre Westentasche kennt? Was hätte sie dort zu suchen gehabt?« Ruth Erford wickelte sich den Faden um den Finger und stach in die erste Masche. »Ist es nicht viel wahrscheinlicher, dass sie dort war, weil sie auf Besucher gewartet hat?«

»Das haben wir direkt überprüft. Es gab keine angemeldeten Besucher für diesen Tag.«

»Nun. Dann muss sie jemand dort hingelockt haben, meinen Sie nicht?«

»Nein. Margret Lubitz ist gestürzt. Es war ein Unfall.«

»Sind Sie ganz sicher, mein lieber Heinz-Hermann?«

»Natürlich bin ich sicher.« Heinz-Hermann Poroll trank den letzten Rest Tee und goss sich neuen ein. Diesmal kippte er zwei Löffel Zucker hinein und stürzte das Getränk in einem Rutsch hinunter. Ruth Erford schwieg, strickte und fixierte ihn mit Blicken. Heinz-Hermann Poroll spürte, wie ihm abwechselnd heiß und kalt wurde. Er hatte das Gefühl, keine Luft mehr zu bekommen, nestelte an seinem Hemdkragen und fühlte, wie ihm der Schweiß aus allen Poren ausbrach.

»Nun, mein lieber Heinz-Hermann. Möchten Sie mir gerne etwas sagen?«, ließ sich Ruth Erford verlauten und trank ebenfalls einen kleinen Schluck Tee.

»Was sollte das sein?«

»Mir scheint, Sie haben da etwas auf dem Herzen, mein Lieber. Einige ungelöste Rätsel«, sagte sie vergnügt lächelnd.

Heinz-Hermann Poroll räusperte sich und versuchte, sein wild schlagendes Herz zu beruhigen. »Nicht, dass ich wüsste«, brachte er mühsam hervor.

»Oh.« Ruth Erford nahm ihr Strickzeug wieder auf, hielt es aber ruhig in den Händen. Sie beugte sich vor. »Das sehe ich etwas anders, mein lieber Heinz-Hermann. Beginnen wir doch mit der bedauernswerten Margret, die ich ebenfalls sehr gut kannte. Wir waren zusammen im Frauenverein, müssen Sie wissen. Sie liebte wie ich ihre selbst gestrickten Schals. Sagen Sie mir, lieber Heinz-Hermann, trug sie einen Schal, als sie gefunden wurde?«

Heinz-Hermann Poroll nickte stumm, griff nach der ausgebreiteten Serviette, zog sie unter der Teekanne hervor und wischte sich den Schweiß von der Stirn. Sollte er wirklich etwas übersehen haben?

»Margret Lubitz war eine sehr zierliche Person und hatte einen schmalen Hals, den man leicht mit beiden Händen komplett umfassen und zudrücken konnte. Wenn der weiche Schal dazwischen war und der Mörder große Hände hatte, gibt es keine Würgemale, richtig?«

»Richtig.« Heinz-Hermann Poroll wurde schwindelig. Sollte Ruth Erford wirklich cleverer sein als er?

»Wie es scheint, ist sie vor Ort gewesen, weil sie dort hinbestellt worden ist. Der Mörder erwürgt sie und stößt sie dann die Treppe hinunter, sodass es wie ein Unfall aussieht. Tragisch, aber so schreckliche Unglücke passieren nun einmal. Da fragt niemand nach. Genau wie bei einem alten Herren, der nach einem anstrengenden Fußmarsch am Triefenbach entlang an einem Herzinfarkt stirbt.« Ruth Erford lehnte sich in ihrem Stuhl zurück. »Auch er unter einem Vorwand dort hingelockt. Der Zettel in seiner Hand ist der Beweis dafür.«

»Der Zettel war leer«, krächzte Heinz-Hermann Poroll und hustete. Er hatte das Gefühl, ein eiserner Ring lege sich um seine Brust.

»Weil er mit unsichtbarer Tinte beschrieben war. Ein alter, aber wirksamer Trick. Klaus Grüttelrath war ein engagierter Mann im Heimatbund. Der Mörder hat das ausgenutzt, ihm vielleicht erzählt, die gestiftete Orientierungstafel sei beschädigt worden und ihm den Zettel als Erinnerungshilfe mitgegeben. Womöglich ist der Mörder sogar ein kleines Stückchen mit ihm gelaufen? Ein kleines Bierchen zur Erfrischung, da fällt der bittere Geschmack des Digitalis nicht auf, oder? Genauso wenig wie der Geschmack von Zyankali in Mandelpralinen. Und jeder wusste, was für eine Naschkatze Nora Wüllenbach war. Sie aß immer und überall gerne etwas Süßes.«

Ruth Erford runzelte die Stirn. »Geht es Ihnen nicht gut, mein Lieber? Sie sehen ausgesprochen blass um die Nase herum aus. Sie haben ihr die Pralinen geschenkt, richtig?« Sie zog eine Augenbraue hoch. »Ich denke, jetzt ist es Zeit, Hilfe zu rufen.« Sie beugte sich vor, nahm ihr Handy aus der Tasche und rief den Notarzt. Dann sah sie auf die zierliche Armbanduhr an ihrem Handgelenk. »Es bleibt noch genug Zeit, um auch das letzte Rätsel aufzulösen. Können Sie mir noch folgen, mein lieber Heinz-Hermann?« Sie stand auf und holte eine kleine Flasche Wasser aus ihrem Handarbeitskorb. Sie griff nach Heinz-Hermann Porolls Teetasse, schüttete etwas von dem Wasser hinein, schwenkte die Tasse und goss das Wasser in den Topf der nächststehenden Pflanze. Mit ihrem Taschentuch polierte sie die Tasse sehr gründlich, bevor sie sie Heinz-Hermann kurz in die schlaffe Hand und an die Lippen drückte, um anschließend eine kleine Menge frischen Tees einzufüllen, spülte sie damit aus und stellte sie dann wieder auf den Tisch. Dann nahm sie die Zuckerdose, leerte sie in einen Plastikbeutel, den sie ebenfalls aus den Tiefen ihres Korbes hervornahm. Aus ihrer Handtasche holte sie einen kleinen Beutel mit neuem Zucker und ließ ihn in die Dose rieseln. »Man weiß ja nie«, erklärte sie ihrem Gegenüber freundlich.

Heinz-Hermann Poroll verdrehte die Augen, stöhnte und sank in seinem Stuhl zusammen.

Ruth Erford blieb als letzter Gast zurück, nachdem der Leichenwagen, der Arzt und die Polizisten fort waren.

Sie waren alle sehr besorgt um sie gewesen. Die Aufregung und die Gefahr, in der sie sich befunden hatte. Nicht auszudenken, wenn Heinz-Hermann Poroll auch sie umgebracht hätte.

Leise summend nahm sie ihre Handtasche, ging zur Tür und verabschiedete sich von Thomas Langhauser, dem Wirt. Ihre Kenntnisse aus der englischen Kriminalliteratur über unsichtbare Tinten, nicht erkennbare Würgemale und die Wirkung von Digitalis und anderen Pflanzengiften hatten sich wieder einmal als ausgesprochen nützlich erwiesen. Auch wenn sie eigentlich damit gerechnet hatte, dass Heinz-Hermann Poroll die Pralinen, die sie ihm zu seinem Geburtstag geschenkt hatte, selbst essen würde. Das hätte die ganze Sache doch sehr abgekürzt. Aber egal. Vor allem hatte sie Heinz-Hermann Poroll jetzt wohl endgültig davon überzeugt, dass alte, vornehme Damen durchaus cleverer sein konnten als Kriminalbeamte. Morgen würde sie als Allererstes eine Komplettausgabe von Agatha Christies Werken bestellen und sie dem Bücherhotel stiften. Vielleicht würde das helfen, neue Mitglieder für den Freitagabend-Klub zu akquirieren. Würdige Mitglieder, die die englischen Krimis genauso liebten wie sie selbst. Dann könnte sie sich nach all der Praxis endlich wieder der mörderischen Theorie zuwenden. Und – wer weiß – vielleicht noch etwas lernen. Nur für den Fall der Fälle.

Zu diesem Kurzkrimi passt hervorragend ...
ein Besuch in der Ziegelhütte in Edenkoben, dem ersten Bücherhotel in Rheinland-Pfalz. Hier können Sie zwei Bücher von zu Hause mitbringen und dürfen ein Buch Ihrer Wahl wieder mitnehmen. Über 5.000 Bücher stehen zur Auswahl.
www.hgze.de

Und wenn Sie sich gleich vor Ort in ein Buch vertiefen möchten, dann am besten mit einem 2015er Syrah trocken, im Barrique gereift, vom Bioweingut Seeber aus St. Martin. Der Syrah, der in der Neuen Welt (v. a. in Neuseeland, Australien und Nordamerika) Shiraz genannt wird, hat seine angestammte Heimat in Frankreich und ist inzwischen (Dank der Klimaerwärmung) auch in der Pfalz ein ganz besonderer, toller Rotwein.
www.weingut-seeber.de

Marc-Oliver Bischoff

Etikettenschwindel

Kommissar Börne nahm den Leichnam des alten Siebenpfeiffer in Augenschein. Hier unten im Keller, zwischen den riesigen Holzfässern, in denen Scheurebe, Spätburgunder und Weißherbst lagerten, schmeckte die Luft alkoholisch, mit Noten von Stachelbeere und Grapefruit und im Abgang ein wenig nach den Körperflüssigkeiten, die Siebenpfeiffer nach seinem Dahinscheiden in die Freiheit entlassen hatte.

Wie weiß gewandete Raumfahrer geisterte die Spurensicherung durch das Kellergewölbe, in das die Halogenscheinwerfer harte Schatten warfen.

Siebenpfeiffer lag auf dem Bauch. In seinem Rücken steckte eine Rebschere – nicht irgendeine, sondern eine echte Schweizer Nägeli. Damit kannte Börne, den man als ambitionierten Weinamateur bezeichnen konnte, sich aus. Wer immer die Schere dem Patriarchen der Bad Bergzaberner Weinmanufaktur Siebenpfeiffer in den Rücken gerammt hatte, der hatte Sinn für Qualität, sinnierte der Kommissar.

»Stilecht«, kommentierte Gerichtsmediziner Doktor Pistor fröhlich.

»Sollen wir ihn mal umdrehen?«, schlug Börne vor.

Pistor zog die Rebschere aus dem Torso und deponierte sie in einem Plastikbeutel. Mit vereinten Kräften drehten sie den Toten auf den Rücken.

Börne studierte Siebenpfeiffers furchengeprägtes Gesicht. Ein Büschel schlohweißes Haar fiel ihm wirr in die Stirn. Der Alte wirkte überrascht. So wie jeder gucken würde, wenn ihm unvorbereitet sein Handwerkszeug in den Rücken gestoßen wird. Börne fiel die starke Wölbung in der Brusttasche von Siebenpfeiffers Hemd auf, das wie bei einem italienischen Gigolo weit aufgeknöpft war und den Blick auf ergrautes Brusthaar freigab. Börne fasste in die Tasche. Seine Finger förderten den Korken einer Weinflasche zutage. Er drehte den Verschluss mehrmals im Licht des Scheinwerfers hin und her. Als er endlich die Schrift entziffert hatte, wurde ihm schwarz vor Augen.

»Börne?« Pistor rüttelte an seiner Schulter.

»Ich ... was?«

Der Gerichtsmediziner hielt ihm eine Plastiktüte hin. Börne hatte kurz die Fassung verloren. Abwesend ließ er den Korken in den Asservatenbeutel gleiten.

»Alles in Ordnung, Kollege?«, fragte Pistor.

Ja, alles war in bester Ordnung, wenn man davon absah, dass Börne sich fühlte, als habe er gerade eine Fata Morgana gesehen.

»Darf ich den Beutel eine Weile zu mir nehmen?«, fragte er.

Pistor händigte ihm, nicht ohne ein großes Fragezeichen im Blick, den Korken aus.

*

Gerlinde Siebenpfeiffer, frischgebackene Witwe und für ihre zweiundsiebzig Jahre mit einem unnatürlich knitterfreien Dekolleté gesegnet, führte mit zitternder Hand das Weißweinglas zum Mund. Neben ihr auf dem Tisch stand eine halb volle Flasche Tresterbrand. Sie warf sich zwei Valium ein und spülte mit der klaren Flüssigkeit aus dem Weinglas nach.

Börne hatte so seine Zweifel, dass Valium und Trester sich vertrugen, aber jetzt war vermutlich nicht der richtige Zeitpunkt, um der Hillary Clinton von Bad Bergzabern, wie man sie hier zu nennen pflegte, Vorhaltungen zu machen.

Sie saßen eingesunken in die plüschige Couchgarnitur in Siebenpfeiffers holzgetäfeltem Wohnzimmer. Das übliche Vorgeplänkel – gab es Konflikte in letzter Zeit, wenn ja, mit wem, wer war zur Tatzeit im Haus gewesen – hatten sie wenig ergiebig hinter sich gebracht. Börne hatte das Gefühl, seine Gesprächspartnerin verschwieg ihm etwas. Nun bedeutete sie ihm mit einer erschöpften Geste, die Befragung fortzusetzen.

»Wer wird die Weinmanufaktur weiterführen, Frau Siebenpfeiffer?«

»Das weiß niemand«, lallte sie.

»Übernimmt denn nicht Ihr ältester Sohn …«, Börne schlug den Namen in seinem kleinen, schwarzen Notizbuch nach, »… Wolfgang den Betrieb?«

»Mein Mann und Wolfgang hatten unterschiedliche Vorstellungen davon, wie es hier weitergehen sollte.«

»Und was bedeutet das im Detail?«

»Siegfried hat vor zwei Monaten einen Geschäftsführer engagiert. Er sollte nächsten Monat anfangen. Aber ob das geschehen wird, steht in den Sternen.«

»Einen Geschäftsführer?«, wunderte sich Börne. »War Ihr Sohn damit einverstanden?«

Das bittere Lächeln, aus dem Gerlinde Siebenpfeiffers Antwort bestand, war mehr als eindeutig.

»Erben ihre beiden Söhne Wolfgang und Rudolf den Betrieb?«

»Laut dem ursprünglichen Testament hätte Wolfgang das Weingut übernommen. Rudi sollte ausbezahlt werden, er wollte nie Winzer werden, sondern Grafikdesigner – was immer das sein soll. Mein Mann wollte das Testament ändern lassen. Nur weiß ich nicht, ob der Termin stattgefunden hat. Wie Sie feststellen werden, habe ich nicht in alle Aktivitäten meines Mannes Einsicht.«

Sie kippte einen weiteren Witwentröster.

»Sagen Sie, war ihr Mann gelegentlich in Frankreich?«, fragte Börne.

Gerlinde Siebenpfeiffer sah ihn mit glasigem Blick an. »Nicht, dass ich wüsste. Wo genau in Frankreich meinen Sie denn?«

»Im Bordeaux.«

*

»Wollen Sie etwa andeuten, ich hätte meinen Vater umgebracht?«, erboste sich Wolfgang Siebenpfeiffer, als Börne und er sich in seinem Büro gegenübersaßen. Wolfgang hatte die gleiche schwere Statur wie sein Vater, aber schon in jungen Jahren seine Haarpracht eingebüßt. Der Zeigefinger seiner linken Hand war mit einer Mullbinde verarztet.

»Ich will gar nichts andeuten. Was haben Sie da übrigens angestellt?«, fragte Börne.

»Ich habe mich geschnitten«, antwortete Wolfgang und wich Börnes Blick aus.

»Und womit?«

»Ist das wichtig?«

»Vielleicht.«

»Mit einer Rebschere.«

Börne notierte etwas in sein kleines, schwarzes Buch. »Also noch mal: Worum ging es bei den Differenzen mit Ihrem Herrn Vater?«

In diesem Moment klopfte es an der Bürotür. Wolfgangs jüngerer Bruder Rudolf sah neugierig zu ihnen hinein. »Wolf, kommst du mal kurz?«

Börnes Gesprächspartner entschuldigte sich. Der Kommissar hörte, wie die Stimmen der Brüder sich entfernten. Er umrundete den Schreibtisch, stand nun dort, wo Wolfgang vorher gesessen hatte.

Auf der Tischplatte lagen Rechnungen, Zeitungsausschnitte, Korrespondenzen wild durcheinander. Börne schob hier und dort Unterlagen zur Seite. Ganz unten fiel ihm das Schreiben eines Discounters ins Auge. Es war vom zentralen Einkauf des Marktes verfasst. Der Brief war zerrissen und wieder zusammengeklebt worden. Darin wurde die Abnahme der gesamten

Jahresproduktion Riesling angeboten, zu einem lachhaft niedrigen Preis. Man verlangte, dass Siebenpfeiffer sich für mindestens fünf Jahre verpflichte, Wein in derselben Menge und Qualität und zum selben Preis zu liefern. Das kam ökonomischer Geiselhaft gleich, dachte Börne, der im Leben nicht auf die Idee käme, seinen Wein im Supermarkt zu kaufen. Kein Wunder, dass man abgelehnt hatte.

Börne hörte die Stimmen der Siebenpfeiffer-Söhne zurückkehren. Eilig begab er sich wieder an seinen Platz. Wolfgang ließ sich Sekunden später ermattet in seinen Sessel fallen.

»Sind wir fertig? Sie können sich wohl vorstellen, wie hier alles drunter und drüber geht.«

»Sie haben meine Frage noch nicht beantwortet«, sagte Börne.

Wolfgang sah verträumt aus dem Fenster. »Mein Vater war ein begnadeter Weinmacher. Aber kein Kaufmann. Er wollte den besten Riesling der Welt machen, koste es, was es wolle.«

»Und was wollten Sie?«

»Ich wollte wachsen. Massengeschäft. Economies of scale, verstehen Sie?«

»Was hat Ihr Vater denn von Ihren Plänen gehalten?«

»›Nur über meine Leiche‹, hat er gesagt.«

Das hatte der alte Siebenpfeiffer dann auch bekommen, dachte Börne.

*

Wolfgangs jüngerer Bruder Rudolf stand als Nächster auf Börnes Liste, doch er lieferte Wein an Gaststätten in der Umgebung aus. Also suchte Börne die Verkaufsleiterin auf, die den Hofladen managte sowie für die Organisation von Weinproben zuständig war. Bei Friederike Schüler handelte es sich um eine junge, etwas füllige Brünette. An der Wand hinter dem Verkaufstresen zeugten Bilder davon, dass sie einmal Weinkönigin von Edenkoben gewesen war, doch da hatte sie noch ein paar Pfund weniger auf den Hüften gehabt. Kaum hatte Börne Platz genommen, stellte sie ihm ungefragt ein Schoppenglas hin und goss Weißwein hinein.

»Ich bin im Dienst«, sagte Börne.

Sie lächelte ihn herausfordernd an. »Aber Sie sind auch Pfälzer, dem Dialekt nach jedenfalls.«

»Da haben Sie auch wieder recht«, antwortete Börne und kostete. Zarter Schmelz, leichte Würze, vollmundig – ein trockener Riesling. Das Aroma explodierte förmlich an seinem Gaumen. Er nickte anerkennend.

»Erzählen Sie mal vom alten Siebenpfeiffer«, ermunterte er sie.

Die junge Frau sah verstohlen zur Tür und beugte sich weit vor. »Ein Weiberheld war er, trotz seines fortgeschrittenen Alters«, flüsterte sie.

»Ach ja? Wer lässt denn einen Tattergreis wie den noch unter den Rock greifen?«, fragte Börne ebenso leise zurück.

»Nur wer es sich gefallen lassen muss. Zum Beispiel die Aushilfen im Weinberg.«

»Beschäftigt das Weingut im Moment viele davon?«

»Ein gutes Dutzend.«

»Und was hat das Ihrer Auffassung nach mit dem Tod des alten Mannes zu tun?«

»Eine von denen, eine Polin mit Namen Natalia, ist mit ihrem Verlobten da. Er heißt Karol und arbeitet auch bei uns. Zwischen ihm und Siebenpfeiffer senior hat es gekracht, und das nicht zum ersten Mal.«

»Warum hat der Alte Karol denn nicht rausgeworfen?«

»Seine Frau hat das verhindert. Es ist nicht gerade einfach, Personal für diese Arbeit zu bekommen.«

»Haben Karol und Siebenpfeiffer sich gestern Abend ebenfalls in die Haare bekommen?«

»Das weiß ich nicht«, antwortete Friederike Schüler. Oberhalb ihrer Nasenwurzel erschien eine tiefe Furche. »Aber mit Sicherheit weiß ich, dass es gestern Abend im Weinkeller eine lautstarke Auseinandersetzung gegeben hat. Und eine Stimme gehörte Siegfried Siebenpfeiffer.«

Börne nickte beeindruckt. Er leckte den letzten Tropfen vom Glasrand. Mein Gott, der Alte war auf seinem Kreuzzug für den besten Riesling der Welt tatsächlich weit gekommen. »Sagen Sie, eine ganz andere Frage: Verkaufen Sie nur Ihre eigenen Weine? Oder auch zugekaufte Ware, sagen wir mal aus ... Frankreich?«

Friederike Schüler sah ihn völlig entgeistert an. »Wollen Sie mich auf den Arm nehmen?«

*

Natalia und ihr Verlobter Karol hatten sich freigenommen und waren den Angaben einer Kollegin zufolge nach Neustadt gefahren.

Nachdem Börne in der Weinmanufaktur also die Zeugen ausgegangen waren, stapfte er zum Nachbarhof hinüber. Über dem Tor zur Scheune hing ein handgemaltes Schild: Joseph Brenzinger, ökologischer Weinbau. Auf seinem Weg herüber kam Börne nicht umhin, das Trauerspiel zu bemerken, das sich auf dem Hang abspielte, der die beiden Höfe fein säuberlich voneinander trennte. Weißgraues Geflecht überzog wie Spinnweben das Grün, an den Stöcken hingen aufgeplatzte Trauben, aus denen Kerne hervorquollen, wie Innereien aus einem abgestochenen Tier. Echter Mehltau, ein übler Schädling, der jedem Weinmacher die Tränen in die Augen trieb. Die Pilzkrankheit hatte beiderseits der Grenze bereits enormen Schaden angerichtet.

Brenzinger, ein kerniger Bursche mit Vollbart und blitzblauen Augen, drückte reserviert Börnes Hand.

»Hab schon gehört, was mit dem Alten passiert ist. Schlimm, schlimm«, sagte er und klang dabei ganz und gar nicht betrübt.

»Hatten Sie beide ein gutes Verhältnis?«, fragte Börne.

»Nicht wirklich«, antwortete Brenzinger süßsauer. »Siegfried hat behauptet, mit meiner Umstellung auf Ökolandbau hätte ich seine Stöcke verseucht.«

»Sie meinen den Mehltau?«

Brenzinger nickte. »Mit der Umstellung hat das nichts zu tun. Das habe ich ihm auch gesagt, aber der alte Sturkopf wollte mich trotzdem vor den Kadi schleifen. ›Ich ruiniere dich‹, hat er gedroht.«

»Ach ja? Wann war denn das?«, fragte Börne.

Brenzinger kratzte sich am Kopf. »Gestern am späten Nachmittag. Ich wollte ihm eigentlich ein Friedensangebot machen und bin mit einer Flasche von meinem besten Jahrgang rübergegangen.«

»Und wie ging es dann weiter?«

»Ich musste unverrichteter Dinge nach Hause zurückkehren. Er wollte nicht mal mein Geschenk. Hat mich nach einem heftigen Wortwechsel einfach rausgeworfen.«

»Hätte Siebenpfeiffer Sie tatsächlich ruinieren können?«, fragte Börne.

Brenzinger sah ihn alarmiert an. »Ich hab den Siggi nicht umgebracht«, sagte er.

»Das habe ich auch nicht behauptet«, antwortete Börne.

*

Die Sonne stand bereits tief am Horizont. Die Männer der Spurensicherung kletterten in ihren Bus, die Tür schloss sich, und der Wagen rollte aus der Hofeinfahrt. Hinter Börne am Treppenabsatz stand Friederike Schüler.

»Meinen Sie, Rudolf kommt bald zurück?«, fragte Börne.

»Jeden Moment, denke ich«, antwortete die Verkaufsleiterin.

»Ob ich wohl noch einmal einen Blick in den Keller werfen darf?« Börne ließ ein freundliches Lächeln sehen.

Schüler hatte nichts dagegen. Er bat sie, ihm Bescheid zu geben, sobald Rudolf zurückgekehrt war. Dann hüpfte er die Stufen hinunter.

Von der betriebsamen Atmosphäre, die den Keller bis vor Kurzem erfüllt hatte, war nichts geblieben. Jetzt herrschte hier wieder die gedämpfte Ruhe, die jeder gute Wein benötigte, um zu reifen. Im Düsterlicht ging Börne zwischen den Fässern umher, sog eine Nase Kellerduft ein, strich mit den Fingerspitzen ehrfürchtig über jahrhundertealtes Eichenholz. Weiter hinten im Keller, wo es noch ein bisschen zwielichtiger war, entdeckte er eine in das Mauerwerk eingelassene, aber verschlossene Holztür. Er rüttelte vergeblich daran. Er sah nach links, sah nach rechts. Ganz hinten in der Dunkelheit standen Weinregale. Schon von hier konnte Börne ausmachen, dass die Flaschen mit einer dicken Staubschicht belegt waren. Wie von einem Magneten angezogen, wanderte er in diese dunkle Ecke. Er zog eine kleine Taschenlampe heraus, die er praktischerweise immer mit sich führte, und richtete den Strahl auf das grüne Glas. Er zog eine Flasche heraus, blies den Staub vom Etikett. Ein 2007er-Spätburgunder. Ein Traumjahrgang. Die nächste Flasche ließ sein Herz noch höherschlagen: ein Riesling von 1976, ein Spitzenjahr für die Pfalz. Ehrfürchtig legte Börne die

Flasche zurück an ihren Platz. Offensichtlich hatte der Alte hier seine Schätze aufbewahrt, verborgen vor den Augen der Öffentlichkeit und nur für seinen eigenen Gaumen bestimmt.

Beim Blick auf das nächste Regal wurden Börne die Knie weich. Er zog eine Flasche heraus, ließ das gelbliche Licht der Taschenlampe über Kork und Etikett wandern, setzte die Flasche schließlich vorsichtig auf einem kleinen Fass ab. Ein Griff in seine Jackentasche brachte den Korken zum Vorschein, den Pistor ihm überlassen hatte. Er verglich das Beweisstück mit dem Flaschenkorken, kratzte mit dem Daumennagel etwas vom Wachssiegel ab, das erhaben auf dem Etikett klebte.

Die Aufschrift lautete:

1961

Petrus

Pomerol

Grand Vin

Mme Edmont Loubat

Propriétaire Pomerol Gironde

Börne taumelte. Sterne tanzten vor seinen Augen. Und als das Licht seiner Lampe auf drei weitere Flaschen fiel, die noch im Regal lagen, alle mit dem gleichen Etikett, fühlte er eine Ohnmacht nahen.

*

Gerade als Börne den Fuß auf die unterste Treppenstufe setzte, verdunkelte sich die Öffnung am oberen Ende. Rudolf Siebenpfeiffer stand am Ausgang.

»Freddie hat mir ausgerichtet, Sie wollten mich sprechen?«, rief er hinunter.

Unwillkürlich presste Börne den linken Arm an seinen Körper. Rudi kam langsam die Treppe herunter, bis er schließlich neben ihm stand.

»Ich denke, wir verschieben das auf morgen«, sagte Börne. »Ich muss leider dringend zurück ins Büro.«

»Na dann«, wunderte sich Rudolf Siebenpfeiffer.

Börne nahm eine Stufe. »Sagen Sie, die Holztür ganz hinten im Keller, was befindet sich dahinter?«

»Das ist der historische Keller. Ist leider einsturzgefährdet und kann deshalb nicht betreten werden.«

»Eine Frage hätte ich noch zu Ihrem Vater«, schloss Börne. »War er geschäftlich in der letzten Zeit in Frankreich? Zum Beispiel im Bordeaux?«

»Nicht in der letzten Zeit. Aber als junger Mann hat er ein Praktikum im Bordeaux gemacht. In Pomerol.«

»Wissen Sie, wann genau das war?«

Rudolf strich sich über das Kinn. »Nicht so genau. Mein Vater wurde 1939 geboren, es muss so Anfang der Sechziger gewesen sein. Warum?«

»Ach nichts. Ich erinnere mich, so etwas gelesen zu haben.« Börne erklomm eine weitere Stufe. Er verabschiedete sich einsilbig von Rudolf Siebenpfeiffer und eilte hinauf.

Der Kommissar stieg in seinen Wagen und machte, dass er davonkam. Erst zehn Kilometer entfernt stellte er den Wagen auf einen Parkplatz, zog mit hochrotem Kopf die Flasche aus seiner Mantelinnentasche und betrachtete sie mit einer Mischung aus Schuldgefühlen und Ehrfurcht. Ein Château Petrus von 1961. So ein Wein begegnete einem nur ein Mal im Leben. Heute war Börnes Schicksalstag.

Er holte sein Smartphone heraus und tippte die Nummer ein, die er schon fast vergessen hatte. Seine Nachricht war knapp und dringlich. Und für den Empfänger gerade mysteriös genug, um ihn neugierig zu machen.

*

Erst am darauffolgenden Wochenende erhielt Börne eine Antwort auf seinen Anruf. Harro Harring, bis vor einem Jahr Mitautor des *Eichelmann*, neben dem *Gault Millau* der einflussreichste Weinführer Deutschlands, pensioniert und ein alter Schulfreund Börnes aus Heidelberg, hatte sein Kommen für den Samstagabend angesagt. Börne war so aufgedreht gewesen, dass er trotz Wochenende ins Büro gefahren war, um sich mit Arbeit abzulenken. Schließlich kehrte er mit feuchten Händen nach Hause zurück. Aus der Küche duftete es verführerisch. Er drückte seiner Frau einen Kuss auf die Wange, da klingelte es bereits an der Tür.

Harro hatte sich kaum verändert, seit sie sich das letzte Mal gesehen hatten. Auf seiner Krawatte prangte ein Fleck. Börne bat ihn herein, sie umarmten sich, wie alte Freunde es taten.

»Deine Nachricht war etwas ... kryptisch, mein Lieber«, beschwerte sich Harros sonorer Bass.

»Ich wollte nicht zu viel verraten, du hättest es mir sowieso nicht geglaubt. Warte einen Augenblick.«

Börne ging in den Keller hinunter. In einem der Kellerräume stand ein klimatisierter Weinschrank. Er öffnete die Glastür – und stutzte. Dort wo er den Château Petrus abgelegt hatte, klaffte nun eine Lücke. Mit aufsteigender Panik kontrollierte er die Etiketten der verbliebenen Flaschen. Es gab Weine für zwanzig und auch solche für zweihundert Euro die Flasche. Nur diese eine Flasche, die bei einer Auktion gut und gerne zehntausend Euro erlöst hätte, war unauffindbar. Mit einem Gefühl, als habe man ihm den Unfalltod seines einzigen Sohnes mitgeteilt, suchte er alle Weinregale ab, die sich in seinem Keller befanden. Doch Fehlanzeige.

Völlig durcheinander kehrte er ins Wohnzimmer zurück. Harro sah ihm sofort an, dass etwas nicht stimmte. »Was ist los mir dir?«, fragte er, Börne mitfühlend die Hand auf die Schulter legend.

Der Kommissar ging wortlos in die Küche. »Sag mal Schatz, hast du eine Ahnung, wo der Wein ist, den ich vor ein paar Tagen in den Weinklimaschrank gelegt habe?«, krächzte er.

Seine Frau sah ihn überrascht an. »Du meinst nicht etwa den ohne Etikett?«

Börnes Magen schrumpfte zusammen. Er zog die Abfallschublade unter der Spüle heraus. Im Korb für Altglas lag eine einzelne grüne Flasche. Wie in Trance nahm Börne die Flasche heraus und betrachtete sie.

»Ich finde, der macht sich gut im Coq au Vin, findest du nicht?«

Mit schreckgeweiteten Augen sah Börne zum Kochtopf. Ein Jahrhundert-Coq-au-Vin schwamm da drin. Kurz darauf bestätigte sich sein schrecklicher Verdacht. Das Etikett hatte sich im Kühlschrank von der Flasche gelöst und war auf den Boden des Klimaschranks gefallen. Nun saßen die beiden Herren und die Dame völlig paralysiert vor ihren Tellern und sahen hinunter auf die blutrote Sauce aus einem Tropfen, für den andere einen Mord begehen würden. Börne kullerten Tränen über die Wangen. Das Schlimmste war: Er konnte seiner Frau nicht einmal einen Vorwurf machen.

Harro studierte das Etikett. »Kann ich mal den Korken sehen?«, fragte er schließlich.

Börnes Frau klaubte ihn aus dem Mülleimer und reichte ihn Harring.

»Warum hast du die Flasche überhaupt mitgehen lassen?«, wollte er wissen.

»Weil, wer immer diese Flasche Siebenpfeiffer abgekauft hätte, ihn ohnehin nie geöffnet, geschweige denn getrunken hätte. Diese reichen Chinesen sehen so was nur als Geldanlage. Die haben keinen Schimmer von einem guten Bordeaux.«

»Und das als Bulle«, feixte Harro.

»Geschieht mir ganz recht«, sagte Börne deprimiert.

Harring legte Kork und Etikett zurück auf den Tisch, dann begann er zu essen. Er entwickelte einen richtigen Appetit.

»Dass du davon was runterbringst«, wunderte sich Börne.

»Du solltest probieren, Börne. Keine Angst, du schlürfst keine Zehntausend-Euro-Suppe«, grinste Harro.

Börne starrte ihn fassungslos an. »Was ... wie?«

»Dein Petrus ist eine Fälschung, mein Lieber. Gut gemacht, aber eine Fälschung.«

*

Früh am nächsten Morgen klingelten Börne und zwei Uniformierte am Hoftor der Bergzaberner Weinmanufaktur. Sie zeigten eine Durchsuchungsanordnung vor und marschierten schnurstracks in den Weinkeller. Auf Börnes Anweisung traten die Beamten die hinten im Keller verborgene Holztür ein. Zum Vorschein kam eine perfekt eingerichtete Fälscherwerkstatt. Darin befanden sich ein Präzisionsdrucker, allerhand Werkzeug und Materialien, mit denen man Neues zu Altem machen konnte, sowie ein halbes Dutzend leere Originalflaschen des Weingutes Château Petrus. Jemand hatte diesen Ort benutzt, um Pfälzer Rotwein in Bordeauxflaschen umzufüllen, mit der Absicht, diese für horrende Summen an Russen und Chinesen zu verhökern, die reich und dumm genug waren, um sich mit einem Wein zu schmücken, von dem sie nichts verstanden, den sie nie trinken und dessen Authentizität niemand je nachprüfen würde.

Börne musste nicht lange überlegen, wer die nötigen Fähigkeiten für ein solches Schurkenstück besaß.

*

Der Kommissar bat Rudolf, sich zu setzen. Er hatte das Hinterzimmer des Hofladens reklamiert, um ungestört mit Siebenpfeiffers Sohn sprechen zu können. Vor der Tür hielten die zwei Kollegen Wache. Börne stellte Gläser auf den schweren Holztisch. Doch als er vom Riesling einschenken wollte, lehnte Rudolf ab.

»Ich trinke nur Cola«, erklärte er zu Börnes Überraschung.

Was der Alte wohl davon gehalten hatte? Der Kommissar bedachte die Flasche Rebensaft mit einem wehmütigen Blick und schob die Gläser zur Seite. Alleine trinken wollte er nicht.

»Sie haben die Fälschungen angefertigt, nicht wahr? Mit Ihrem Talent als Grafiker war es ein Leichtes, den Etikettenschwindel glaubhaft durchzuziehen.«

»Ist doch völlig egal, was für eine Plörre da drin ist«, eiferte sich Rudolf. »Diese Neureichen würden ja nicht mal merken, wenn man Altöl in die Flaschen füllen würde.«

»Und die Sache mit Ihrem Vater?«

Rudolf sah zur Seite. Börne merkte, dass er kurz davor stand, die Fassung zu verlieren.

»Er hat die Werkstatt entdeckt, stimmt's?«

Siebenpfeiffer nickte stumm.

»Wollte er, dass Sie zur Polizei gehen und sich stellen?«

Ein weiteres Nicken.

»Aber Sie weigerten sich.«

»Sein guter Ruf war meinem Vater wichtiger als die Freiheit seines eigenen Sohnes.«

»Es gab einen Streit«, spekulierte Börne, »es wurde laut und hässlich, und am Ende lag Ihr Vater am Boden. Mit einer Rebschere im Rücken.«

Rudolf Siebenpfeiffer schwieg lange. Doch schließlich brach er zusammen und gestand die Tat. Als die Kollegen ihn schließlich abführten, wandte er sich zum Abschied an den Kommissar.

»Wie haben Sie es herausgefunden?«, fragte er.

»Intuition«, sagte Börne. »Gute Polizisten und gute Winzer haben die.«

Zu diesem Kurzkrimi passt hervorragend...
ein 2013er Spätburgunder trocken vom Weingut Wilker aus Pleisweiler-Oberhofen. Die Rebsorte Spätburgunder zählt zur Burgunderfamilie, die wohl zu den frühesten aus den Wildreben im westlichen Mitteleuropa ausgelesenen Sorten gehört.
www.wilker.de

und ein Besuch der Burg Landeck, eine zum Teil renovierte Burgruine, mit einer schönen Burgschänke, die zum Verweilen einlädt. Vom Burghof aus hat man einen traumhaften Blick über die Rheinebene, bei guter Sicht sogar bis zum Schwarzwald. Wem diese Aussicht noch nicht ausreicht, kann den mit 23 Metern höchsten und besterhaltenen Bergfried der Pfalz besteigen. In dessen Inneren ist ein kleines Museum mit Fundstücken aus der Burg und einer Darstellung ihrer Geschichte untergebracht.
www.burglandeck-pfalz.de

Anne Grießer

José de la Pfalz

Er trug einen Panamahut. Helles, fein geflochtenes Stroh mit dunklem Band. An den Rändern etwas ausgefranst, oben herum fleckig. Dazu einen lässigen, beigefarbenen Anzug aus Leinen, der schon bessere Tage gesehen hatte. Die braun gebrannte Haut war schrumpelig, graue Bartstoppeln konkurrierten auf seinem Kinn mit eitrigen Mitessern. Die Zähne, soweit noch vorhanden, leuchteten uringelb. Seinem Mund entwich ein eigentümlicher Geruch nach verschimmeltem Leder und nassem Hundefell. Am Ringfinger der rechten Hand fehlte die Kuppe. Und daran erkannte Crescentia ihn schließlich.

»Josef?«, entfuhr ihr ein entsetzter Ausruf. »Jesses, bist du das?«

Ein breites Grinsen zierte das Gesicht des Mannes und eine Wolke seines speziellen Duftpotpourris traf Crescentia frontal aus nächster Nähe. Taumelnd wich sie einen Schritt zurück. »Josef«, murmelte sie erneut, diesmal ohne Fragezeichen und mit einem Hauch von Resignation in der Stimme.

»Si, mi querida niña«, krächzte der Alte und kicherte heiser. »Tu marido ist wieder aqui. Te alegra? Freust du dich?« Er sprach einen merkwürdigen Akzent und benutzte all diese spanischen Versatzstücke, fast als hätte er seine Pfälzer Muttersprache verlernt.

174

Crescentia schwieg. Sie wusste weder, was sie antworten, noch, was sie tun sollte. Hilflos wie ein Fisch an Land stand sie da und betrachtete den fremden Kerl vor ihrer Haustür. Den totgeglaubten Ehemann, der zurückgekehrt war von wo auch immer. Der jetzt kindisch kicherte und dabei absolut lebendig wirkte.

»Josef«, sagte sie noch einmal. Mangels Alternativen.

»José«, korrigierte er. Und dann nahm er sie ohne jede Vorwarnung in die Arme, drückte sie an sich, näherte sich ihrem Mund und schob seine raue Zunge zwischen ihre vor Schreck ausgetrockneten Lippen. Crescentia, sediert von seinem Geruch, ließ es mit hängenden Armen geschehen. Eine Träne trat in ihr Auge, kullerte unbemerkt über die Wange und fiel einsam zu Boden.

Beim Gehen zog er das linke Bein ein wenig nach. »En el trabajo«, erklärte er ungefragt. »Arbeitsunfall. Comprendes?«

Crescentia runzelte die Stirn. Arbeit war so ziemlich das Letzte, was sie mit ihrem Ehemann in Verbindung brachte. Der sah sich einstweilen in der Wohnstube um und nickte anerkennend. »Todo nuevo!« Dann erspähte er den Schaukelstuhl, Crescentias Lieblingsmöbel, in dem sie sich abends gern von der Arbeit erholte, je nach Stimmung mit einem spannenden Krimi oder den zarten Klängen von Vivaldis Gitarrenkonzerten. Unaufgefordert fläzte Josef sich hinein und legte die Füße mitsamt Schuhen auf den Tisch.

»Tapferes Summsumm«, krächzte er, schlug sich, als er Crescentias verwirrten Gesichtsausdruck sah, mit der flachen Hand auf die Stirn und verbesserte: »Fleißiges Bienchen!« Dabei gackerte er wie ein hysterisches Huhn auf der Schlachtbank.

Mit zitternden Händen fischte Crescentia einen Kaugummi aus der Hosentasche und schob ihn sich zwischen die Zähne, in der Hoffnung, den alles abtötenden, schalen Geschmack im Mund loszuwerden. Ihre Sprache hatte sie noch nicht wiedergefunden.

»Hast meinen alten Wingert gut in Schuss gehalten, mi corazón, mein Herzchen!«

In Schuss? *Seinen* Wingert? Vor lauter Empörung sog Crescentia die Luft tief ein, schluckte hart und spürte, wie der Kaugummi in die Speiseröhre flutschte und unwiederbringlich hinab in den Magen wanderte.

»Aber jetzt bin ich ja wieder da und kümmere mich um todo.« Er schob sich den Panamahut in den Nacken und entblößte einen weitgehend kahlen Schädel. Von den neckischen blonden Locken, die einst sein Haupt geziert hatten, war nichts mehr übrig.

In ihrem Kopf überschlugen sich die Gedanken.

Kümmern? Er?

Als sie sich vor siebenunddreißig Jahren von seinen Locken und dem gewinnenden Lächeln hatte blenden lassen und ihn heiratete, ahnte sie nicht, wie hoch verschuldet sein heruntergewirtschaftetes Weingut in Mordsweiler war. Gut, der Putz bröckelte von der Fassade, zwischen den Reben wucherte Unkraut, und in der Lagerhalle stapelten sich verstaubte Rieslingflaschen –

nicht etwa um zu reifen, sondern weil keiner sie haben wollte. Das ganze Ausmaß des Dramas wurde Crescentia aber erst bewusst, als Josef noch in der Hochzeitsnacht eine Finanzspritze von ihr forderte. »Zwanzigtausend Mark«, keuchte er beim Coitus interruptus, den er zu Verhütungszwecken praktizierte. »Fürs Erste.«

Crescentia gestand ihm, was sie während der Verlobungszeit aus Scham verschwiegen hatte: dass der klangvolle Name *von Falkenstein* nichts, aber auch gar nichts mit altem Adel oder ausgedehnten Ländereien zu tun hatte, dass lediglich ein versponnener Vorfahre den Titel käuflich erworben, dafür sein letztes Geld ausgegeben und den Rest seines Lebens im Armenhaus von Landau verbracht hatte. Dass sie, Crescentia, über keinerlei finanzielle Mittel verfügte, auch auf keine Erbschaft hoffen durfte, dass sie mithin beide nur arme Schlucker waren, die es ganz aus eigener Kraft schaffen mussten, wenn sie es zu etwas bringen wollten.

Josefs Gesichtszüge erschlafften, der Rest auch, er stieg aus dem Ehebett, gebeugt wie ein alter Mann, und kehrte nie mehr dahin zurück. Wenige Wochen später war er aus Mordsweiler verschwunden. Spurlos. Hatte seine junge Frau mit dem verschuldeten Weingut einfach sitzen lassen.

»Panama«, sagte er und gab dem Schaukelstuhl einen kräftigen Stoß. »Plátanos. Bin reich geworden, mi paloma.«

Er brach wieder in sein gackerndes Gelächter aus, als er Crescentias skeptischen Blick bemerkte. »In

Puerto Limón kennt man mich als den *José de la Pfalz*, den verrückten Deutschen, der erst mit Bananen und dann mit Spielcasinos sein Glück gemacht hat.«

Und warum, fragte Crescentias stummer Blick, warum bist du dann nicht in Puerto Limón geblieben? Oder irgendwo sonst, wo der Pfeffer wächst?

»Das Gewissen hat mir in den ganzen siebenunddreißig Jahren keine Ruhe gelassen.« Josef klang ehrlich betrübt. »Und jetzt will ich alles wiedergutmachen.«

Crescentia spürte, wie der verschluckte Kaugummi sich in ihrem Magen festsetzte und die Essensreste vom Frühstück verklebte. Ihr war schlecht. *Wiedergutmachen?* All die trüben Jahre, in denen sie Banken angebettelt, Kunden angefleht, Gläubiger hingehalten und von früh bis spät geschuftet hatte, um das Weingut zu retten? In denen sie in Abendkursen das Winzerhandwerk erlernt hatte, während sich andere Frauen ihres Alters die Fingernägel manikürten ließen und teure Kleider trugen? All die Jahre, in denen sie sich nicht einmal einen ausgelassenen Abend auf dem Mordsweilener Weinfest hatte leisten können? *Wiedergutmachen?*

Jetzt war sie neunundfünfzig Jahre alt und genoss endlich die Früchte ihrer Arbeit, die sie lieben gelernt hatte. Betrachtete täglich voller Wohlgefallen ihre Reben, ihren Wingert, das renovierte Haus. Hatte Angestellte, musste nicht mehr alles selbst erledigen. Traf sich hin und wieder mit einem verwitweten Notar aus Landau. War schuldenfrei. Glücklich.

Ihr wurde heiß und kalt. Das Weingut gehörte ge-

nau genommen noch immer Josef. Dem Totgeglaubten. Dem *José de la Pfalz*.

»Schnecken«, sagte der und hustete einen Bollen
grünen Schleim auf den Boden. »Vergiss den Wein.
Wein ist out, aus, fuera. Ich habe mir alles genau
überlegt. Wir satteln um. Wir gründen eine Schne-
ckenfarm. Sí, mi corazón. Eine Zuchtfarm für Weinbergschnecken. Comprendes?«

»Schnecken?!«

Ihre Putzhilfe und beste Freundin Klaudia verzog
ungläubig das Gesicht. »Du meinst doch nicht etwa
diese glitschigen, schleimigen Dinger, die in einer
Nacht ein ganzes Salatbeet kahlfressen?«

»Na ja. Die mit Haus. Die großen, hübschen. Sind in
Frankreich eine Delikatesse, sagt Josef.«

»So. Sagt er das, dein Seppel.«

»Das Sammeln von Weinbergschnecken ist strengs-
tens verboten, weil das Vieh auf der Roten Liste be-
drohter Arten steht. Der wachsende Bedarf lässt sich
also nur durch Züchtung decken. Und Frankreich ist
ja nicht weit, sagt Josef.«

»So, sagt er das.«

»Schnecken sind weder Fisch noch Fleisch, wuss-
test du das? Sie sind irgendetwas dazwischen. Und sie
sind auch weder Männlein noch Weiblein, sondern
zweigeschlechtliche Zwitter. Praktisch, oder? Fressen
Brennnesseln, Salat, Raps, Sonnenblumen und Wild-
kräuter. Echte Feinschmecker sind das. Können bis zu
vierzig Jahre alt werden.«

»Sagt das auch dein Seppel?«

»Nein, das habe ich mir angelesen. Man sollte seinen Feind schließlich kennen, bevor man ihm gegenübertritt.«

»Und du kannst wirklich gar nichts dagegen tun?«

»Na, was denn? Ich habe doch schon heimlich bei den Behörden nachgehakt. Sie haben das Projekt genehmigt. Solange er die Auflagen erfüllt, kann er auf seinem Grundstück züchten, was er will.« Sie schluckte hart. »Er hat sogar angedroht, den Wingert zu verkaufen und das ganze Geld in die Farm zu stecken.«

»Das ist ja schrecklich!« Klaudia nahm die zitternde Freundin in den Arm und drückte sie fest an sich.

»In Asselheim, bei Grünstadt«, schniefte Crescentia, »da gibt es auch eine solche Farm. Die *Pfalzschnecke*. Läuft richtig gut, sagt Josef.«

»Ach, und da kommt ihm nicht die Idee, dass zwei Pfälzer Schneckenfarmen vielleicht eine zu viel sind?«

»Konkurrenz belebt das Geschäft, sagt er.« Crescentia ließ ihren Tränen freien Lauf.

»Ach, ach.« Klaudia drückte die Freundin noch fester. »Wir werden schon einen Ausweg finden! Wir halten doch zusammen, wir Pfälzer.«

»Aber der Josef ...«

»... der zählt nicht. Der kommt schließlich aus Panama.«

Meistens schlief er bis mittags.

Crescentia hatte ihm das Gästezimmer hergerichtet, obwohl er täglich insistierte, dass er nun endlich wieder in das gute, alte Ehebett einziehen wolle, das ja wohl noch warm von ihm sei. Doch in diesem Punkt blieb sie hart wie Gusseisen. Das fehlte noch! Der Einzige, der in den vergangenen zehn Jahren gelegentlich dieses Bett mit ihr hatte teilen dürfen, war Gernot, der verwitwete Notar aus Landau.

»Liebst du ihn denn noch?«, fragte dieser eines Tages unsicher, als sie sich heimlich trafen. Seine Stimme bebte. »Schließlich ist er dein Ehemann.«

Crescentia sah ihn fassungslos an. »Hast du ihn denn nicht gesehen? Oder ... gerochen?«

Da atmete Gernot befreit auf und küsste sie zärtlich. »Dann ist ja alles in Ordnung! Uns wird schon etwas einfallen, wie wir das Seppel-Problem lösen.«

Crescentia teilte Gernots Optimismus nicht. Sie hatte schon alle Möglichkeiten in Gedanken hin und her gewälzt, aber keine davon versprach eine Lösung.

Scheidung?

Unmöglich. Das Weingut war ihr Lebenswerk. Sie konnte es doch nicht einfach aufgeben und zusehen, wie Josef es erneut herunterwirtschaftete. Schon jetzt hatte er einen Teil davon zum Verkauf ausgeschrieben, und Crescentias Herz blutete.

Vor Gericht ziehen und ihre Rechte einfordern? Sehr witzig. Welche Rechte denn? Hätte sie in den vergangenen siebenunddreißig Jahren irgendetwas unternommen, sein Verschwinden offiziell gemacht, dann vielleicht. Sie hatte es einmal versucht, zehn Jahre nach seinem Verschwinden, aber der meterhohe Stapel an Formularen hatte sie fast erschlagen und verschimmelte seither in ihrem Büro.

An die dritte, die *finale* Möglichkeit, wagte sie nicht einmal zu denken.

Einmal, ja einmal hatte sie Hans-Helmut Wagner, den Hausarzt, ganz vorsichtig nach Josefs Gesundheitszustand befragt, doch der hatte ihr freundlich erklärt, außer dem steifen Bein und erhöhten Leberwerten fehle dem Schnecken-Seppel rein gar nichts. Und so blieb ihr nichts anderes übrig, als das Beste aus den Umständen zu machen, sich irgendwie mit den neuen Gegebenheiten zu arrangieren und auf ein Wunder zu hoffen.

Wenn Josef am Nachmittag munter wurde, sah er zuerst nach seinen Schnecken. Sie bewohnten ein überschaubares Areal am Fuße eines Weinberges und fühlten sich dort offensichtlich wohl. Fünftausend waren es für den Anfang.

Nach dem Rechten sehen hieß für Josef nachschauen, ob der Zaun aus Fett und Salz intakt war und alle Schnecken sich noch dahinter tummelten. Um den ganzen Rest hatte sich Crescentia zu kümmern.

Sie hatte den Brunnen gegraben. Den Boden gedüngt, die Beete angelegt – ja, Zuchtschnecken lebten in Beeten, das hatte sie vorher auch nicht gewusst. *Sie* hatte die Kräuter und Pflanzen ausgesät, und *sie* war es auch gewesen, welche die ersten Bewohner in die Farm gesetzt hatte. Und dabei war etwas äußerst Seltsames geschehen.

Crescentia lächelte. Ja, sie lächelte! Seit Josefs Rückkehr war ihr nicht der Mut nach Fröhlichkeit gestanden, aber als die Weinbergschnecken ihr neues Zuhause bezogen, als sie erstmals die Beete in Besitz nahmen, sich fast augenblicklich über die Kräuter hermachten und langsam, natürlich langsam, aber sehr genüsslich zu fressen begannen, da war ihr warm ums Herz geworden.

Diese Anmut!

Sie dachte an Josef, wie er abends gierig sein Nachtmahl verschlang, und verglich ihn mit den zarten, genießerischen und so herrlich lautlosen Wesen. Crescentia konnte nicht anders: Vorsichtig streckte sie einer Schnecke den Zeigefinger entgegen, ganz behutsam, aber am Ende doch zu schnell. Das Tier zog sich sofort in sein schützendes Haus zurück. Schnecken konnte man eben nicht streicheln. Aber Crescentia ließ den Finger dort, wo er war, und es dauerte gar nicht lange, da zeigte sich das Tier erneut, kroch heraus, fuhr die Fühler aus, berührte Crescentias Finger, zog die Fühler wieder ein, aber nur die Fühler, nicht den Rest, und streckte sich schließlich doch noch aus, berührte den Finger, kam näher, befand das längliche, warme Ding für harmlos und kroch sanft hinauf, was sich gar nicht eklig anfühlte, trotz des Schleims, sondern eher samtig und weich.

Crescentia schloss die Augen, und in diesem Moment war sie glücklich.

»Ich sag's nicht gern, aber irgendjemand muss es ja tun.«

Die Bäckereiverkäuferin sah Crescentia ernst an und machte eine dramatische Kunstpause. »Er stellt den jungen Mädchen nach. Den ganz jungen, du weißt schon. Wenn er sich unbeobachtet glaubt, betatscht er sie sogar. Widerlich ist das. Er ist eine Schande für ganz Mordsweiler.«

Crescentia duckte sich, als hätte sie Schläge bekommen. Sie hatte sonst nicht viel mit der Bäckereiverkäuferin gemeinsam, aber in diesem Punkt waren sie sich einig.

»Und dann seine Schnecken!«, fuhr diese unbarmherzig fort. »Hat man so was schon gehört! Die fressen uns doch die ganzen Reben kahl, wenn sie ausbüxen. Tickende Zeitbomben sind das, jawohl!«

»Unsinn!« Crescentias Kampfeslust erwachte. »Die können das Grundstück gar nicht verlassen, solange der Zaun intakt ist. Und darum kümmere ich mich persönlich.«

»Und was wird aus den Viechern, wenn sie sich weiter vermehren? Wer will die denn schon haben?«

Eine gute Frage! Einmal war ein Kunde da gewesen. Ein potenzieller, aus Frankreich. Hatte sich mit Josef unterhalten wollen. Dabei stellte sich jedoch schnell heraus, dass der Seppel kein Wort Französisch sprach. Nicht einmal richtig Spanisch, wie Crescentia mittlerweile wusste.

Also musste sie die Verhandlungen mit dem Kunden übernehmen, der ein Sternerestaurant im Elsass betrieb und ihr in den schillerndsten Farben schilderte, was er alles mit den Schnecken zu tun gedachte.

Mit ihren Schnecken. Den anmutigen.

Die Vorstellung, sie könnten im Kochtopf landen und mit Kräuterbutter angerichtet werden, war so grausam, dass Crescentia dem Mann schließlich erzählte, ihre Tiere seien leider mit einer seltenen Krankheit, der sogenannten Schneckenpest, infiziert und aus dem Geschäft werde wohl vorerst nichts.

Der Franzose sprach sein Beileid aus, murmelte etwas vom herrlich nussigen Aroma der Pfälzer Weinbergschnecke und ergriff schleunigst die Flucht.

Ein anderes Gespräch verlief weniger erfreulich.

Der Kundenberater der örtlichen Sparkassenfiliale trat nervös von einem Bein aufs andere und schwitzte in seinem dunkelblauen Anzug, trotz Klimaanlage.

»Eigentlich verstoße ich hier gegen unsere Prinzipien«, näselte er und blickte an Crescentia vorbei auf irgendeinen offenbar unglaublich interessanten Punkt auf der weißen Wand. »Aber – nun ja. Aufgrund der langjährigen Geschäftsbeziehungen ...«

Obwohl sie Schlimmes ahnte, musste Crescentia lächeln. Er tastete sich so herrlich langsam an den heiklen Punkt heran. Reizend war das.

»Sie sind pleite, meine Liebe. Ich vermute, Sie wissen gar nicht, dass ein Teil Ihres Weingutes schon der Bank gehört – und wenn Ihr Gatte so weitermacht ... Es tut mir leid. Uns sind die Hände gebunden.«

Crescentia wurde heiß und kalt. »Und sein Vermögen aus Panama?«, stotterte sie.

»Nun ja. Wir haben natürlich Nachforschungen angestellt. Ihr Mann ist in Puerto Limón tatsächlich mit einer Bananenplantage zu bescheidenem Reichtum gelangt. Aber dann hat er die Plantage im Spielcasino von Panama-Stadt verloren.«

Er atmete tief aus und wischte sich den Schweiß von der Stirn.

»Ich sage Ihnen das, obwohl ich es eigentlich nicht dürfte. Aber – wir Pfälzer, wir müssen doch zusammenhalten! Sie müssen schließlich wissen, wie es um Ihr Hab und Gut bestellt ist. Damit Sie – entsprechende Gegenmaßnahmen einleiten können. Verstehen Sie?«

Trotz ihres Schocks nickte Crescentia mechanisch. *Comprendo*, dachte sie. Ich verstehe.

Es war der Tag vor ihrem sechzigsten Geburtstag. Den sie groß hatte feiern wollen. Jetzt hatte sie alles abgeblasen, nach einem Fest war ihr nicht mehr zumute.

Vor drei Tagen war Josef verschwunden. Spurlos. Wie damals. Aber sie traute dem Frieden nicht. Bestimmt heckte er etwas aus.

Am Nachmittag kehrte er angetrunken und ohne seinen Panamahut zurück. Da sie wenig miteinander sprachen, hatte er gelernt, ihre Blicke zu deuten. »Im Casino, in Mainz«, gab er reumütig zu. »Ich habe alles verspielt, mein Herzchen. Sogar den Hut.« Er kicherte. »Och! Jetzt schau doch nicht so böse. Wir haben ja noch die Schnecken.«

Da wusste Crescentia, dass es so weit war.

Die dritte, die *finale* Lösung musste her.

Schneckenschleim, dachte sie. Damit es wie ein Unfall aussah. Die alte Steintreppe vom Wohnhaus hinunter zur Straße war abschüssig und bei Regen mehr als heimtückisch. »Die musst du ausbessern, mi niña«, hatte Josef gesagt. »Sonst bricht sich noch jemand das Genick.«

Crescentia dachte an sein steifes Bein. Wie ungeschickt er sich damit bewegte. Vor allem treppab.

Regen und Schneckenschleim. Das müsste reichen.

Am selben Abend, bei Einbruch der Dunkelheit, saß sie noch immer auf der Holzbank vor dem Schneckengehege.

Völlig durchnässt war sie, vom leichten Sprühregen, dem sie sich stundenlang ausgesetzt hatte. Und natürlich von all den Tränen, die sie geweint hatte.

Ja, so war das eben mit den guten Plänen! In der Theorie funktionierten sie hervorragend. In der Praxis jedoch ...

Die Schnecken freilassen. Auf die feuchte Treppe setzen. Abwarten, bis Josef ausrutschte. Fertig.

Aber was, wenn die Schnecken gar nicht über die Treppe glitschten, sondern gleich rechts und links im Gestrüpp verschwanden?

Oder, schlimmer noch: Wenn sie nicht schnell genug waren? Wenn Josef auf sie trat, auf die zarten Wesen, die anmutigen, wenn er sie tötete, zermatschte – umbrachte?

Crescentia wurde schlecht bei dem Gedanken. Alles, nur das nicht! Das wäre ja – kaltblütiger Mord!

Traurig, nass und verzweifelt schlich sie zurück ins Haus.

Am nächsten Abend stand ihre Freundin Klaudia vor der Tür.

»Herzlichen Glückwunsch zum Sechzigsten«, strahlte sie und drückte Crescentia die Autoschlüssel in die Hand. »Große Party im *Pfälzer Eck*. Dort werden wir jetzt deinen Geburtstag feiern. Ganz Mordsweiler ist da!«

»Aber ...«, stotterte Crescentia, und schon wieder traten ihr die Tränen in die Augen. Seit Josefs Rückkehr war sie verdammt nah am Wasser gebaut.

»Keine Widerrede. Fahr schon mal vor. Ich komme gleich nach. Muss nur noch etwas erledigen.«

»Und Josef?«

»Der kann ja später nachkommen. Ich sag ihm Bescheid.«

Zum Glück kam er nicht.

Crescentia erlebte einen wundervollen Abend. Sie tanzte, lachte, küsste ihren Gernot in aller Öffentlichkeit, trank viel zu viel von ihrem eigenen Chardonnay, der im Landgasthaus ausgeschenkt wurde, und vergaß für den Augenblick all ihre Sorgen. Wie schön, wenn man Freunde hatte! Wie schön, wenn sich das ganze Dorf versammelte, um mit einem zu feiern!

Den José de la Pfalz fand sie bei der Rückkehr mit gebrochenem Genick auf der abschüssigen Steintreppe vor dem Wohnhaus.

Es roch seltsam. Nicht nach Schneckenschleim, der roch ja nicht, außerdem schmatzten ihre Lieblinge genüsslich an Thymian und Salbei. Es roch eher nach der Schmierseife, mit der Klaudia immer die Gartenwege reinigte.

Als sie ihn so liegen sah, schlich sich noch einmal eine Träne in Crescentias Augenwinkel, zwei weitere gesellten sich hinzu, sie kullerten über ihre Wangen, stürzten zu Boden – und ja, es waren Freudentränen.

Alles fügte sich erstaunlich problemlos. Hans-Helmut Wagner, der Hausarzt, bescheinigte Tod durch Unfall, begünstigt durch den Nieselregen und Josefs schlimmes linkes Bein. Der Ortspolizist Friedrich, ein Neffe der Bäckereiverkäuferin, kam erst am nächsten Tag vorbei, um nach dem Rechten zu sehen. Bis dahin hatte Klaudia die Treppe bereits picobello geputzt. »War ja eine ziemliche Sauerei«, sagte sie, »wegen der Platzwunde am Hinterkopf.«

Beim Notar in Landau, ja, bei Gernot, lag ein beglaubigtes Testament, in dem Josef seinen gesamten Besitz seiner Frau vermachte, auch das kleine Restvermögen aus Panama, das überraschenderweise doch noch aufgetaucht war. Mit dem Kundenberater der Sparkasse war dann schnell ein Tilgungsplan ausgehandelt, der weniger wehtat, als Crescentia befürchtet hatte.

Die Schnecken ließ sie nach und nach frei. Auf Josefs Grab pflanzte sie Thymian und Salbei an und immer, wenn sie eines der anmutigen Wesen daran knabbern sah, wurde ihr wohl ums Herz.

Zu diesem Kurzkrimi passt hervorragend...

ein 2015er Portugieser Weißherbst vom Weingut Mühlhauser aus Niederhorbach. Als Weißherbst wird nach deutschem Weinrecht ein Roséwein bezeichnet, bei dem der Most vor der Gärung von den Trauben abgepresst wird. Durch dieses Verfahren ist die rote Färbung der Beeren später nur als leichte Rosafärbung des Weines sichtbar.

www.winzerhof-muehlhaeuser.de

Und wie wäre es, als kleine Erholung zwischendurch, etwas für die Gesundheit zu tun? Zwischen Weinbergen und Pfälzer Wald, zwischen der Altstadt und dem Kurpark von Bad Bergzabern, gibt es einen idealen Platz für wohltuende Entspannung: die Südpfalz Therme. Inmitten einer der sonnenreichsten Regionen Deutschlands und in der Nähe zu Frankreich erwartet Sie ein Ort, der ganz dem Wohlbefinden und der Gesundheit gewidmet ist.

www.suedpfalz-therme.de

Klaus Seehafer

Vergiften, einfach vergiften!

Wenn ich ihn schon sehe, wie er da in der Küche steht und den großen Cuisinier zelebriert! Einmal in der Woche bindet er sich eine Biolek-Schürze um, taut Fischstäbchen auf, geht in seinen Weinkeller, um eine besondere Lage seines Weins von seinem Weinhändler hochzuholen. Und die Sprüche dabei! (»Liebling, möchtest du wissen, was es heute gibt?«) Nein, möchte ich nicht, aber er wird es mir gleich sagen. (»Es gibt Limandes. Das ist ein seezungenähnlicher Fisch, auch Rotzunge genannt.«) Aha. Na, hochinteressant. (»Praktisch grätenfrei, meine Liebe. Ich mach ihn mit einer zarten Kräutermehlierung und leichtem Zitronenaroma. Dazu ein bisschen Butterpfannengemüse, zwei Backofen-Herzogin-Kartoffeln und als Garnitur – rate ...!«) Soll ich's ihm sagen? Soll ich sagen, dass es höchstwahrscheinlich Krabben sind? BoFrost Artikelnummer 511? Als ob ich nicht gesehen hätte, was er aus dem Eisschrank geholt hat. (»Als Garnitur was besonders Feines: ein paar gebratene Luxuskrabben drübergestreut. Na, schmeckt uns das?«)

Ja, der Herr Professor, der große Chemiker vor dem Herrn, die Koryphäe in Wissenschaft und Lehre, wobei dann immer ganz vergessen wird, dass auch ich meine Doktorarbeit im Fachbereich Chemie gemacht habe: Niedermolekulare Kupfer-Proteine aus Pflanzen und Mikroorganismen – davon verstehst du nämlich bis heute einen Dreck, mein Lieber! Du lässt dir immer ganz schön zuarbeiten von deinen vielen Doktoranden. Und wenn's eine Doktorandin ist und sie gefällt dir, dann förderst du sie auf deine Art. Dreckschwein! Man sollte dich vergiften, einfach vergiften! (»Liebling, was hältst du von einem Pfalzwein zum Essen? Wir haben doch noch diesen grandiosen Schewwer von Meßmer aus Burrweiler. Weißt du noch, als wir bei ihm das erste Mal die Weine probiert haben?«)

Das letzte von seinen Weibern hat mir den Rest gegeben. Das ging ganz klar von ihr aus. Hatte ein süßes Figürchen, wie er's mag, lange schwarze Haare, bestimmt gefärbt. Sie war einen Kopf kleiner. Das tut ihm gut, weil er doch selber nicht so groß ist. Ist er nirgendwo. Aber Blasen im Kopf. Und diese ewigen Allüren. Da ist er freilich Spitze. (»Pazifikzunge! Stammt aus den Fanggebieten des Nordpazifik, du weißt schon, Beringsee. Der wird dann unmittelbar nach dem Fang filetiert und schockgefrostet.«) Mein Gott, wem will er was beweisen? Ich wusste gar nicht, dass man die Werbeaufschriften der Plastikverpackung so lebendig vorlesen kann! (»Erfahrene Fischer und Verarbeiter sind sich heute schließlich der Verantwortung für bestandserhaltende Fischerei bewusst. Anderes würd ich auch gar nicht kaufen. Sie arbeiten mit schonenden Methoden und halten sich an internationale Abmachungen.«)

Ich platze gleich. Ich werde mein Kreuzworträtsel in kleine Stücke reißen, in die Küche rennen und ihn links und rechts ohrfeigen. ICH KENNE DEN TEXT! Und den Fisch habe ICH bei BoFrost gekauft. Artikelnummer 474. Und die Kartoffeln auch (Nummer 654). Und das Butterpfannengemüse (Nummer 794) haben wir seit Jahren. Eigentlich seit dieser junge BoFrost-Fahrer die Sachen bringt. Meine kleine Heimlichkeit. Mein ein und einziger Fehltritt. Warum, mein Lieber, lass ich dich wohl jeden Samstag in die Küche und Koch spielen? Damit das ganze tiefgefrorene Zeug auch wieder wegkommt. Ich mag's nämlich nicht. Aber den Jungen mag ich. Du dagegen ... Weiß gar nicht, womit du deine Studentinnen immer noch bezauberst. Deine Vitalität kann's nicht mehr sein. Dazu hast du schon zu lange Diabetes. Oder klappt's dank der fortwährend neuen Reize doch immer noch mal wieder?

Gut sieht er ja eigentlich noch aus. Volles, silbernes Haar. Schlank. Dass sein Gesicht vom Insulin ein bisschen aufgeschwemmt ist, fällt nur mir auf, die ich schließlich schon einundzwanzig Jahre mit ihm zusammenlebe. Braun gebrannt. Das heißt, er nimmt irgend so ein Zeugs auf Carotin-Basis, das sie bei sich im Laboratorium herstellen, davon bekommt er die Hautfarbe. Auch Menschen, die keinerlei Sport betreiben, können gut aussehen. Unter den Professoren ist er sicher der ansehnlichste. Und wenn wir mal ausgehen, was ja selten genug vorkommt, dann heißt es immer noch: Was für ein Paar! Sehen beide jünger aus, als sie eigentlich sein können. Sie soll übrigens auch Akademikerin sein.

Ich weiß doch, was sie hinter meinem Rücken reden. Nur weil ich während der Zeit, als unser Eric klein war, und später dann, als er in der Schule so lang ein Sorgenkind gewesen ist, aufgehört habe zu arbeiten. War verdammt schwer, wieder den Anschluss zu bekommen. In meinem Fach geht alles rasend schnell weiter. Der inhaltliche Wert meiner Arbeit – längst passé. Als ich wieder so richtig drin war, hab ich sie einfach fortgeführt und über die Isolierung des Kupferthioneins geforscht. Unterschiedliches Verhalten gegenüber den Metallothioneinen und so. Chemisches Forschen, das war und ist die große Freude in meinem Leben. Was ich heute noch will, ist: viel arbeiten und ein bisschen Sex. Aber nicht von Montag bis Freitag nach Hause hasten und dem Star der Universität ein gutes Essen vorsetzen. Den gesamten Haushalt picobello halten, weil der Herr ja eine Stauballergie hat. Als er sich damals eine volle Woche bei dieser verschlampten Erstsemesterschickse eingenistet hat, in deren Zimmer die Wollmäuse frei und ungejagt herumliefen, da war von Allergie keine Rede! Es ist das erste und letzte Mal gewesen, dass ich Lust darauf gehabt habe, ihn in flagranti zu erwischen!

Vergiften sollt ich den Kerl, einfach vergiften! Aber ich weiß doch, wie leicht sich jedes Gift isolieren lässt. Und wer hat ihn dann wahrscheinlich umgebracht? Na, ich doch! Die frustrierte Ehefrau. Tatmotive reichlich vorhanden. Passende Vorbildung auch. Komme leicht an Gifte heran. Eigentlich gibt's überhaupt nur ein Mittel, das keine Polizei der ganzen Welt entdecken kann, und das wäre eine körpereigene Substanz. Also Insulin! (»Schatz, noch fünf Minuten, würdest du bitte schon mal den Tisch decken, zwei Teller, Besteck, die Weißweingläser, die Korkplatte für die Pfanne, es muss jetzt alles sehr schnell gehen.«) Für wie blöd hält er mich eigentlich? Soll ich vier Teller auflegen? Und sagen, es kommen gleich noch zwei seiner Geliebten; ich hätte sie ausfindig gemacht und gleichzeitig eingeladen, damit sie sich doch auch mal kennenlernen können?

Er ist so was von dämlich! Weiß genau, dass er keinen Alkohol trinken soll, aber zum Fisch muss es Wein geben. Weiß genau ... Das wäre doch eigentlich eine schöne Möglichkeit: Heute Abend, wie ich ihn kenne, wird er sich wieder volllaufen lassen, und ich darf ihn dann ins Bett hebeln. Da liegt er auf dem Bauch und stinkt. Aber wenn er dann im Tiefschlaf liegt und nichts mehr merkt, dann jag ich ihm eine Überdosis Insulin in den Hintern. – »Hm, das duftet ja köstlich!« – Na, wie panierter Fisch halt riecht, aber er muss ja immer gelobt werden. Gelobt und nochmals gelobt. »Und das Gemüse! Al dente.«

Ich jag ihm also die Spritze in den Arsch, was als solches auch schon Spaß machen wird. Der Blutzuckerspiegel sinkt ab. Er fällt ins Koma. Gut. Dagegen könnte Glukose helfen, haben wir ja immer da. Aber merk ich, dass er im Koma liegt? Nein, merk ich nicht, denn ich schlafe ja. Und wenn ich morgens aufwache, erlebe ich nur einen offensichtlich immer noch schlafenden Mann mit Fahne. Also steh ich auf und verbringe den Vormittag bei meiner Freundin. Und wenn wir beide dann, na, sagen wir mittags, zu einem kleinen schnellen Essen nach Hause kommen, liegt er immer noch da. He, wach auf, Annemarie ist da! Jetzt musst du aber wirklich unter die Dusche. Und ich begreife es nicht, bis mir Annemarie sagt: Du, ich glaube, dein Mann ist tot.

»Nein, wie hast du das wieder schön gemacht! Und die Petersilie auf den Kartoffeln, wirklich hübsch!«

»Dann wünsche ich jetzt guten Appetit, meine Liebe. Ich darf dir schon mal den Fisch vorlegen. Sei du so nett und gieß den Wein ein. Ein edles Tröpfchen, ein richtiger Sonntagswein!«

»Wie hast du das Pfannengemüse nur so hingekriegt?«

»Mit ein bisschen Majoran abgeschmeckt. Ein Hauch nur, aber es verändert den Geschmack total. Mach mal eine von den Kartoffeln auf!«

»Warum?«

»Na, mach doch mal!«

»Donnerwetter, wie hast du denn die Füllung da reinbekommen?«

»Du wirst lachen, mit einer meiner Insulinspritzen.«

»Originell, in der Tat. Werd ich mir direkt merken. Schmeckt gut, scheint Pastete aus Teilen der Limandes zu sein.«

»Stimmt, Limandes ist dabei. Und? Zufrieden?«

»Aber ja. Auch wenn mich der Wein ein bisschen schwindlig macht. Scheint mir für einen Tischwein ziemlich schwer zu sein.«

»Es ist ein leichter, klarer Biowein. Aber wenn du dich ein bisschen hinlegen möchtest?«

»Lass mal, ist nur die normale Sonntagmittagmüdigkeit.«

»Ganz so normal wohl doch nicht. Du wirkst ja, als hättest du Atemnot. Und ich hab mir so viel Mühe mit dem Essen gegeben.«

»Ja, es war auch ...«

»Obwohl ich für eine Frau gekocht habe, die ich schon seit Jahren nicht mehr ausstehen kann!«

»... soll das ... heißen ...?«

»Dass ich dich vergiftet habe, mein Schatz. Dass ich endlich meine Ruhe vor deinen ewigen Nachschnüffeleien haben werde. Meine Ruhe vor deinen Besserwissereien. Dass ich wieder mal ein bisschen angeben darf, ohne dass gleich jemand mit spitzen Nädelchen in meine bunten Luftballons sticht.«

»Man ... wird ... es merken.«

»Nichts wird man merken. Dass ich deine Kartoffel mit Hechtmilch gespritzt habe, darauf wird keiner kommen. Aber das ist ein Teufelszeug, weil es während der Fortpflanzungszeit dieser Tiere extrem giftig ist. Schlechter Fisch, wird man im Leichenschauhaus denken. Und dort, meine Liebe, wirst du spätestens gegen – na, sagen wir gegen fünfzehn Uhr liegen. Hörst du mich noch? Sag, hörst du mich noch?«

Zu diesem Kurzkrimi passt hervorragend ...

der VDP Ortswein Nr. 3 Schiefer Riesling vom Weingut Meßmer aus Burrweiler, dessen Trauben auf Schieferboden gereift sind. Die Lage Burrweiler
Schäwer beinhaltet die für die Pfalz sehr seltene geologische Formation des
Grauschiefers und gibt dem Wein seinen ganz besonderen Charakter.
www.weingut-messmer.de

und ein Besuch der St. Anne Kapelle, die sich etwa 170 Meter oberhalb
der Ortes Burrweiler auf dem Annaberg, einem Bergvorsprung am Osthang
des Teufelsbergs im südlichen Teil der Haardt befindet. Vom Bergvorsprung
an der Kapelle hat man einen sehr guten Ausblick über das Rheintal bis zu
den Bergen des Odenwalds und des nördlichen Schwarzwalds.
www.annakapelle.de

Wolfgang Burger

Wieder mal

Es ist wieder so weit. Er singt wieder im Bad. Sie muss wieder mal in die Apotheke. Sie kann sich schon gar nicht mehr erinnern, aber sieben- oder achtmal war es schon, in den zwölf Jahren, die sie jetzt verheiratet sind. Und natürlich weiß sie auch diesmal, wer es ist. Die Neue aus der Exportabteilung ist es. Rote Haare und lange Beine hat sie, und kurze Röcke trägt sie. Anfangs hat er ja so viel von ihr erzählt. Klug sei sie, geradezu frech, und vorne so und hinten so, und dann hat er von einem Tag auf den anderen nichts mehr von ihr erzählt. Dafür hat er wieder begonnen, nach Herxheim in dieses Fitnessstudio zu gehen, zweimal die Woche, und wenn er heimkommt, dann ist zwar sein Handtuch feucht, denn dumm ist er nicht, aber die Seife ist ganz trocken, und sie ist ja schließlich auch nicht dumm. Auch das teure Rasierwasser nimmt er auf einmal, das sie ihm letztes Jahr zum Geburtstag geschenkt hat und das so lange nur rumgestanden hat. Und jetzt singt er wieder im Bad. Und das heißt, sie muss wieder in die Apotheke nach Kandel, zu Frau Brenner.

Wie gut, dass die ihr damals den Tipp mit den Tropfen gegeben und einen Vorrat zurückgelegt hat, als die

Firma die Herstellung aufgab. Diese Tropfen, die man Hunden gibt, Rüden, damit sie nicht diese ekligen Sachen machen. Denn jetzt gibt es die Tropfen nicht mehr, und die Tabletten, die stattdessen verkauft werden, die wirken bei Hunden schlecht und bei Männern so gut wie gar nicht. Außerdem sind sie nicht farblos, sodass man sie nur in Rotwein tun kann, und den trinkt er ja nicht so viel. Und sie sind auch nicht ganz geschmacklos und machen mehr Arbeit, weil man sie vorher in Wasser auflösen muss. Sie kann sie ihm ja schlecht ins Futter mischen, wie es auf der Packung steht. Frau Brenner benutzt die Tropfen auch manchmal, wenn es bei ihrem Gatten wieder mal so weit ist. Nicht so oft natürlich, aber hin und wieder schon. Das tröstet sie dann immer ein bisschen.

Wenn er abends die Tropfen in den Riesling bekommt, dann schläft er nachts viel besser, nach ein paar Tagen hört er auf, im Bad zu singen, und nach zwei, drei Wochen fährt er dann auch nicht mehr nach Herxheim ins Fitnessstudio. Nur einmal bei dieser Bibliothekarin aus Kaiserslautern, dieser schwarzhaarigen, da hat es nicht aufgehört. Der Teufel mag wissen, was die getrieben haben, es hat einfach nicht aufgehört. Da musste sie ihm schließlich von dem Pulver in den Wein tun, das sie für den Wellensittich hat, um ihn gegen Milben zu pudern. Da hat er zwar geschimpft, der Riesling würde nach Kork schmecken, hat ihn am Ende aber trotzdem getrunken, weil er nicht gern was verkommen lässt. Dann hat er diese fürchterlichen

Blähungen gekriegt, und dann war es auch mit der Liebe der Bibliothekarin irgendwann vorbei. Wenn er nur nicht so viele Haare verloren hätte dabei. Hoffentlich muss sie das nicht noch mal machen, denn danach hätte er bestimmt eine Glatze. Und das wäre ja nicht schön, so gar keine Haare auf dem Kopf, in seinem Alter.

Zu diesem Kurzkrimi passt hervorragend ...
vom Weingut Jung in Kandel der 2015 Novus, ein im Holzfass ausgereifter Riesling und natürlich auch der Dornfelder »P«, eine Rotwein-Kreation, die mit ihrem intensiv würzigen Charakter selbst für einen Dornfelder außergewöhnlich ist.
www.weingut-jung-kandel.com

Angela Eßer

Pfälzer Henkersmahlzeiten

»Eduardo!«

Und damit war eigentlich alles gesagt. Beim Lügen erwischt. Wie früher.

Seine Mutter schaute ihm direkt in die Augen. Eduardo Francesco Fontanella kannte diesen Blick nur zu gut. Er schloss die Augen und wünschte sich weit weg. Nicht nur hier und jetzt aus diesem Krankenhauszimmer heraus. Er wandte seinen Blick ab und atmete tief ein, aber das Gemisch aus Desinfektions- und Putzmitteln ließ Übelkeit in ihm hochsteigen. Er wurde das Gefühl nicht los, dass er die Ausdünstungen aller Menschen, die hier je in diesem Zimmer gelegen hatten, in sich aufnahm. So viele Menschen, die hier gehofft, gelitten und dann doch gestorben waren. Jetzt war es seine Mutter, die nicht mehr lange leben durfte, und er hatte sie einfach angelogen. Hatte ihr gesagt, dass er sie bald mit nach Hause nehmen würde. Nach Deutschland. Und sie wusste, dass er gelogen hatte.

Wie früher.

»Noch ämol ä Pälzer Dreifaltischkeit oder ...«, sie machte eine kurze Pause, »oder wenigschdens än richtiger Saumaache mit Sauerkraut. Aber nur dän vum Karl. Capito ..., hoscht du mich verstanne?« Sie betonte dabei jedes Wort einzeln, durchbohrte ihn mit ihren Blicken.

Luigi, der am Fenster stand, grinste. Er hatte Eduardo begleitet und sah nun den großen *Capo* dasitzen wie einen kleinen Jungen. Der Mann, der halb Europa kontrollierte, hatte die Lippen aufeinandergepresst und ließ sich ohne Widerrede von seiner Mutter zusammenfalten. Aber, Luigi wischte sich eine Fluse von seiner Hose, wer kannte das nicht? Mütter sind gnadenlos. Ohne Rücksicht auf Verluste. Für sie war man, solange sie lebten, immer ein kleines Kind.

Leider hatte Luigi nicht alles verstanden, denn Eduardos Mutter, die *tedesca*, sprach viel zu schnell. Und dann noch diesen merkwürdigen Dialekt. Doch er sah, wie Eduardo kalkweiß wurde, und wünschte sich, er könnte besser Deutsch, dann hätte er den anderen alles haarklein erzählen können. Allein die Tatsache, dass der *Capo* nicht einen Ton herausbrachte und wie ein Häufchen Elend hier herumsaß, war schon eine klasse Nummer. Die anderen würden einsehen müssen, dass Eduardo nicht mehr der richtige Mann fürs Geschäft war. Oft genug hatte er ihnen gesagt, dass Eduardo mittlerweile zu einem Weichei verkommen war. Außerdem zu alt. Allein der Name war doch schon eine einzige Katastrophe. Wer hieß denn schon mit Nachnamen Fontanella? Hörte sich an wie eine Eisdiele in Deutschland. Nein, seine Zeit war gekommen. Und er würde es ihnen allen beweisen. Er räusperte sich.

Eduardo drehte seinen Kopf kurz zu Luigi, doch sein Blick ging durch den anderen durch. *Mannaggia!*

Ausgerechnet den Saumagen von Carlo, dachte er. Sie verlangte Unmögliches. Aber er hätte es sich ja denken können. Carlo war der Einzige auf Sizilien, der es gelernt hatte, einen echten Pfälzer Saumagen herzustellen. Und er konnte Läwwerknepp wie kein anderer machen. So wie sie sein sollten und seine Mutter so liebte. Heimatgefühle. Ihr letzter Wunsch. Das konnte er nicht einfach ignorieren.

»Eduardo, hoscht mich verstanne?«

Er kniff die Augen zusammen.

»Hör endlich uff, dich taub zu stelle. Und bring mir bloß net irgendebbes aus der Dos. Ich will dän Saumaache vum Karl. Hämmer uns verstanne?«

Eduardo nickte und hoffte, dass seine Mutter noch leben würde, wenn diese elenden Teile endlich fertig waren. Aber es war nun mal ihr letzter Wunsch. Und sie wusste genau, was sie von ihm da verlangte. Ausgerechnet Carlo.

Eduardo seufzte. Carlo, mit dem die Familie noch eine alte Rechnung offen hatte. Er würde verhandeln müssen und dann, ja dann würde er Luigi schicken. Sollte sich der Hohlkopf endlich mal seine Sporen verdienen und beweisen, ob er mehr drauf hatte als einfach nur eine große Klappe haben und dämlich grinsen.

Eduardo küsste seine Mutter auf die Stirn, verließ das Zimmer und rief noch auf dem Gang Carlo an.

Der Preis war hoch. Eigentlich viel zu hoch.

Die alte Rechnung könne er sich schenken, beschwichtigte Carlo. Aber er wollte Rheinland-Pfalz.

Vor allem die Südliche Weinstraße mit Edenkoben und Bergzabern, dazu natürlich auch noch Bad Dürkheim. Darauf war Carlo immer schon scharf gewesen. Ihrer beider Heimat. Beide waren sie dort groß geworden, um dann irgendwann wieder zurück nach Sizilien zu gehen. Doch Eduardo hatte sich durchsetzen und die ganze Pfalz behalten können. Schaltete und waltete dort nach seinen Regeln. Ab und an hatte er dort durchgreifen und dabei ein paar Bürgermeister, Gemeinde- oder Stadträte über die Klinge springen lassen müssen, aber zu Recht. Keiner betrügt die Familie. Alles miese Verräter.

Viel sprang in der Gegend nicht heraus, das wusste eigentlich auch Carlo. Hier ging es nur ums Prinzip. Doch jetzt ging es noch um etwas anderes, den letzten Wunsch seiner Mutter.

Eduardo willigte ein.

Und Luigi brannte darauf, zu Carlo zu fahren.

»*Molto bene!*«

Luigi rieb sich die Hände. Endlich konnte er Carlo, der Ratte, zeigen, wer auf Sizilien das Sagen hatte. Und in der Pfalz. Wie konnte der *Capo* nur diesen Handel eingehen? Damit war er nicht mehr für die Familie tragbar. Endgültig.

Er, Luigi, würde die Pfalz übernehmen und allen beweisen, was er draufhatte. Alles Weitere war nur eine Frage der Zeit.

Zwei Tage später kam Luigi von Carlo zurück. Ohne Saumagen, aber durchlöchert wie ein Sieb. Wer das

Feuer eröffnet hatte, konnte nicht einwandfrei geklärt werden. Spielte auch keine Rolle. Letztendlich blieb alles beim Alten. Die Familie hatte weiterhin eine Rechnung mit Carlo offen und die Pfalz blieb bei Eduardo.

Die Polizei stellte sich wie immer taub, stumm und blind. Vor allem bei Angelegenheiten zwischen Carlo und Eduardo. Sie waren ja nicht lebensmüde.

Für den Saumagen wäre es eh zu spät gewesen, Eduardos Mutter war in der Nacht zuvor gestorben. Im Bett, ganz friedlich.

Eduardo war am Boden zerstört. Er hatte es nicht geschafft, den letzten Wunsch seiner Mutter zu erfüllen. Ihre Seele würde keine Ruhe finden. Niemals.

Buße sollte er tun, meinte der Pastore, tiefe Buße.

Nach vier Ave Marias und zwei Vaterunser wusste Eduardo, was er machen würde. Er musste in die alte Pfälzer Heimat fahren. Musste Abbitte leisten. Musste denen, die er ins Jenseits befördert hatte, nachträglich ihren letzten Wunsch erfüllen. Das war ihm jetzt klar geworden. Klar wie das Amen in der Kirche.

Das letzte Mahl stand jedem zu.

Selbst unbelehrbaren Bürgermeistern oder Gemeinderäten.

Die Familie machte sich große Sorgen. Was für eine hirnverbrannte Idee, nachträglich die Henkersmahlzeit dieser Pfälzer Lügner und Betrüger stellvertretend essen zu wollen. Luigi hatte recht gehabt. Aber Luigi war tot. Die Familie beriet und kam zu dem Schluss, dass Eduardos Reise in die *Palz* – wie er sie jetzt immer öfter zärtlich nannte – seine letzte sein sollte. Davon sagte sie ihm allerdings noch nichts. Schließlich war er in Trauer. Mütter sind heilig, auch wenn sie aus Deutschland kamen.

Der Nachfolger stand bereits fest: Angelo würde diese *Palz* schon schaukeln. Seine Mutter kam zwar aus Hamburg, aber Deutschland war Deutschland. Er sollte Eduardo begleiten. Das war beschlossene Sache, und eine Woche später saßen die beiden im Flieger nach Frankfurt.

Mit dem Leihauto fuhren sie über Darmstadt und Mannheim nach Speyer. Zum Friedhof. Eduardo hatte alles recherchiert. Hier war sein erster Toter begraben.

Die Sizilianer stiegen aus dem Auto und liefen den Hauptweg entlang. Den Geruch nach ausgehobener Erde, frischen und verfaulten Blumen sog Eduardo in sich ein, als wäre es der Duft einer schönen Frau. Angelo zog die Augenbrauen hoch – der Mann hatte wirklich nicht mehr alle Tassen im Schrank. Am liebsten hätte er den Schwachkopf schon gleich hier umgenietet und in ein offenes Grab versenkt. Aber er hatte einen anderen Plan. Eduardo sollte mitsamt Mietauto in dem Fundament eines neuen Supermarktes verschwinden. Und das dauerte eben noch, bis alles so weit war.

Eduardo bog nach rechts auf einen kleinen Seitenweg ab, holte aus der Jackentasche ein Friedhofslicht, zündete es an und stellte es auf das Grab. Hielt einen Moment inne, drehte sich nach ein paar Minuten zu Angelo um und lächelte.

»*Tutto evaso*, alles erledigt. Jetzt fahren wir nach Deidesheim.«

»Deidesheim? Du wolltest doch ...«

»Später. *E guarda*, und schau mal – Deutschland hatte mal einen Bundeskanzler, der es geschafft hat, dass hier nach Deidesheim eine Autobahnausfahrt gebaut wurde. Verrückt, oder? Und das alles nur wegen unserem Saumagen. *Andiamo*, auf zu Bombo brutto.«

»Bombo brutto?«, fragte Angelo.

»*Si*, er macht hier den besten Saumagen und hat die besten Leberknödel. Das hätte der da«, er deutete auf das Grab hinter sich, »gerne noch gegessen. Damals. Und das essen wir jetzt auch.«

Wat is dat denn fürn Döskopp, dachte Angelo, der ist ja komplett verrückt, aber was soll's, die Zeit müssen wir hier eh absitzen. Also warum nicht essen gehen.

Bombo brutto war klein, dick, hässlich und hatte Hände wie Bratpfannen. Die hatte er schon als Kind, als er zusammen mit Eduardo auf der Schulbank saß. Und die Ringelhemdchen hatten ihm seinen Namen eingebracht: Bombo brutto – hässliche Hummel.

Er servierte jede Menge Bratwürste, Leberknödel und Saumagen, die Eduardo mit Inbrunst aß. Dazu schaufelte er noch jede Menge Grumbeersupp un Quetschekuche, Kartoffelsuppe mit Pflaumenkuchen, wie Bombo brutto erklärte, in sich hinein. Angelo kaute an seiner Pizza und musste wegschauen. Widerlich, wie konnte man nur solch ein Durcheinander essen, dazu auch noch literweise diesen Wein in sich hineinkippen. Vor allem mit *aqua gassata*, mit Sprudelwasser gemischt. Schorle nannten sie das. Schorle, was für ein Wort. *Agghiacciante*, alles einfach nur grauenvoll. Gab es nicht einen Fisch, der so hieß?

Er bestellte sich einen Grappa. Bald würde hoffentlich diese *scemenze*, dieser Quatsch, ein Ende haben.

Von Deidesheim aus fuhren sie nach Neustadt zum Verräter Nummer zwei und in den Tagen darauf nach Kaiserslautern, Pirmasens, Annweiler, Landau, Kandel, Bad Berzabern und Schweigen-Rechtenbach zu den Verrätern drei, vier, fünf, sechs, sieben, acht und neun. Und jedes Mal ging es wieder zurück zu Bombo, Saumagen mit Sauerkraut essen.

»Wieso denn eigentlich immer *das*?«, fragte Angelo und verzog dabei angewidert das Gesicht.

Die Toten hätten zu ihm gesprochen, erklärte Eduardo, und er sei ihnen diese Mahlzeit schuldig, seiner Mutter sowieso.

Angelo verdrehte die Augen, schüttelte den Kopf. Was sollte das denn heißen: Die Toten hätten zu ihm gesprochen? Ausgemachter Blödsinn. Komplett balla balla.

Doch, doch, meinte Eduardo, er sei selbst völlig überrascht, dass er die Stimmen der Toten aus dem Grab vernommen hätte. All diese armen Seelen hätten sich tatsächlich das Gleiche gewünscht wie seine Mutter. Was sollte er machen? Schließlich, und das sei wahrscheinlich der Grund und den könne so manch einer eben nicht verstehen, schließlich waren sie alle in der wunderschönen Pfalz geboren.

Eduardo muss verschwinden, und zwar bald, der ist doch reif für die Klapsmühle, dachte Angelo, stand auf und steckte sich gerade eine Zigarette an, als sein *telefonino* klingelte.

Der *Capo di tutto capi*, der Boss der Bosse. Angelo ließ die Zigarette fallen.

Wie alles läuft, wollte der *Capo* wissen.

»Geht so«, antwortete Angelo. »Wir gehen viel essen.«

Mit Eduardo wollte der Boss reden. Angelo gab das *telefonino* weiter und grinste.

Eduardo wusste, was jetzt kam. Es war vorauszusehen gewesen.

Widerspruch war jetzt zwecklos. Besonders am Telefon.

»Angelo wird jetzt übernehmen. *Tutto* Kaiserslautern, Bad Dürkheim, die Südwestpfalz und das Saarland am besten gleich noch dazu. Aber vor allem erst einmal diese ... Südliche Weinstraße. Er wird von dir ab sofort eingearbeitet. Du zeigst ihm alles, *hai capito?*«

Eduardo kniff die Augen zusammen, dachte an seine Mutter und nickte.

»Eduardo?«, brüllte der *Capo di tutto capi* durch das Telefon.

»*Si*«, antwortete Eduardo, »soll er bekommen. Ich werde mit Bombo reden.«

»Wieso Bombo?«

»Wenn Angelo die Pfalz übernimmt, muss er auch die Pfälzer kennenlernen und mit Ihnen ... äh ... reden lernen, vor allem aber mit ihnen essen können, sonst ... du verstehst ...«

»*Maledetto*. Verdammt noch mal. Nein!« Der *Capo di tutto capi* schnitt ihm das Wort ab, hielt dann kurz inne und lenkte ein. »*Alora, va bene. E adesso basta.* Ich gebe dir drei Tage Zeit und nicht eine Sekunde länger!«, und beendete damit das Gespräch.

Eduardo gab Angelo das *telefonino* zurück.

»Also dann. *Andiamo*. Fangen wir an. Setz dich, Angelo. Du hast gehört, was ich gesagt habe, und ...«, Eduardo kniff wieder die Augen zusammen, »der *Capo* sieht das auch so. Das Essen ist für die Pfälzer wichtig. Nicht so wie bei uns auf Sizilien, aber so ähnlich. Du musst ihnen zeigen, dass es sich lohnt, mit uns zu arbeiten. *Capici?*« Er machte eine kurze Pause. »Also, du setzt dich mit Bürgermeistern oder den Stadträten an einen Tisch, trinkst Wein mit ihnen, bestellst einen Saumagen oder Gequellde mit weiße Kees, also Pellkartoffeln mit Quark, und hörst einfach zu. Damit gewinnst du immer ihr Vertrauen. Alles andere ist dann nur noch ein Kinderspiel.« Er machte eine kurze Pause. »Du willst die Pfalz? Also, dann musst du es erst einmal lieben lernen, das *Pfälzische*, und wie du weißt: Liebe geht durch den Magen. Richtig, Bombo?«

Eduardo lehnte sich auf seinem Stuhl zurück und schaute zu Bombo, der mit einem Geschirrtuch hinter der Theke stand.

Angelo zog den Rotz hoch, fasste sich kurz in den Schritt und schaute ebenfalls zu Bombo.

Der nickte und hob kurz die Schultern.

»Isse so. Eduardo hatte recht. Wie immer.«

Und dann saßen sie am Tisch. Eduardo und Angelo. Bombo strahlte über das ganze Gesicht. Weit und breit war er der einzige Italiener, der die Pfälzer Küche perfekt beherrschte und vor allem liebte. Hatte er von seiner Mutter. Wie Eduardo. Auf dem Tisch stand alles, was das Ländle zu bieten hatte. Kartoffelsuppe, Pflaumenkuchen, Dampfnudeln, Leberknödel, Brat- und Leberwürste, Bratkartoffeln. Dazu in einer großen Schüssel: jede Menge Sauerkraut und knusprig ausgebratener Saumagen.

»Aber das da ess ich ganz bestimmt nicht«, sagte Angelo mit vollem Mund. »Das ist ja ekelhaft. Vor allem dieser ... äh Saumagen mit der Haut da. Habt ihr mich verstanden. Ekelhaft! Ihr seid komplett bescheuert. *Che stronzata*, so eine gequirlte Kacke!«

Eduardo schaute ihn an. Todernst. »Hör auf zu fluchen! Willst du die Pfalz, ja oder nein? Also iss!«

Bombo nickte und schob den Teller näher zu Angelo. »Mussu essen, sonst nix Palz.«

Angelo holte sich eine Flasche Grappa aus dem Regal, nahm einen tiefen Schluck und spießte ein Stück Saumagen auf die Gabel. Mit tiefer Verachtung. Schluckte. Stocherte im Sauerkraut herum, nahm ein klein wenig und würgte es herunter.

»Du musse nix essen alleine. Alles zusamme ... Saumache, Sauerkraut, ä Stückele Brot und ganz volle Gabel. Sonste schmecke nur halbe so gut!«

»Ich ess dieses verdammte Zeug, wie ich will, verstanden!?« Angelo nahm noch einen Schluck Grappa, schnitt noch einmal ein großes Stück Saumagen ab, häufte Sauerkraut darauf und steckte alles in den Mund. Er kaute und kaute und kaute. Wenn ich das hier hinter mir habe, dachte er, versenke ich beide mit dem Auto. Nicht nur Eduardo, sondern diese fette, hässliche Qualle gleich mit. Dann sparen wir sogar noch Beton, so breit und fett, wie der ist.

Angelo musste lachen. Sah das Gesicht von Bombo und musste noch mehr lachen.

Lachte – und verschluckte sich. Sprang vom Stuhl auf, hustete sich die Seele aus dem Leib und schnappte krampfhaft nach Luft.

»*Madonna mia*! Um Gottes willen!«, rief Bombo und war mit zwei Schritten bei Angelo. »Kann iche elfen?«

Angelo wedelte mit den Armen, hustete weiter und versuchte gleichzeitig Luft zu bekommen. Sein Gesicht lief gefährlich rot an.

Bombo hob verzweifelt die Arme, schaute auf Eduardo, der die Augenbrauen hochgezogen hatte.

»Was solle iche machen, Eddi?«, rief Bombo.

»Ja, was wohl?«, fragte Eduardo ruhig. »Du siehst doch, dass er irgendwas in den falschen Hals bekommen hat, oder?«

»Alles klar, Eddi!«, sagte Bombo, grinste, drehte Angelo energisch um und schlug ihm mit seiner Bratpfannenhand auf den Rücken.

Einmal. Nicht mehr.

Das reichte bei Bombo.

Eduardo wischte sich den Mund ab und verabschiedete sich wortlos. Bombo würde den Rest schon erledigen.

Wie früher.

Niederschlettenbach, Gleiszellen-Gleishorbach, Herxheim, Kapsweyer und Thaleischweiler-Fröschen standen noch auf dem Plan.

Diese Namen, dachte er, hätte Angelo sowieso nie aussprechen können. Vor allem nicht als Fischkopp. Das würde auch der Boss einsehen müssen.

Die Autorinnen und Autoren

Hildegunde Artmeier wuchs in Oberbayern auf, lebte eine Weile in Schottland und absolvierte ein Biologiestudium in Regensburg sowie eine Sprachausbildung in Nürnberg. Nach beruflichen Stationen in der Pharmaindustrie, als Fremdsprachenkorrespondentin in verschiedenen Industrieunternehmen und als selbstständige Übersetzerin erschien 2004 ihr Debütroman *Drachenfrau*. Mehrere Kurzgeschichten und sieben weitere Kriminalromane folgten. Von 2008 bis 2010 leitete sie das Sekretariat für den Friedrich-Glauser-Preis in der Sparte Kurzkrimi der Autorenvereinigung SYNDIKAT. Heute arbeitet die Mutter zweier erwachsener Kinder als freischaffende Schriftstellerin und lebt mit ihrem Mann – ebenfalls freischaffender Schriftsteller – in Regensburg und Karlsruhe. Sie ist Mitglied im Verband Deutscher Schriftsteller VS. *www.hildegunde-artmeier.de*

Marc-Oliver Bischoff wurde 1967 in Lemgo geboren und wuchs in einem kleinen Dorf am Stadtrand von München auf. Nach dem wirtschaftswissenschaftlichen Studium verschlug es ihn zunächst an den Bodensee, in die Schweiz und nach Frankfurt. Inzwischen lebt er mit seiner Frau und zwei Kindern in Ludwigsburg. Bischoff schreibt Kurzgeschichten und Kriminalromane und gehört zum Autorenteam der Jerry-Cotton-Reihe. Für seinen ersten Kriminalroman *Tödliche*

Fortsetzung wurde er mit dem Friedrich-Glauser-Preis ausgezeichnet. *www.marc-oliver-bischoff.de*

Wolfgang Burger, geboren 1952 im idyllischen Südschwarzwald, lebt und schreibt abwechselnd in Karlsruhe und Regensburg. Er ist Vater dreier inzwischen erwachsener Töchter und seit 1995 schriftstellerisch tätig. Nach einigen satirischen und »kriminellen« Kurzgeschichten erschien 1998 sein erster Kriminalroman *Mordsverkehr*. Inzwischen sind 17 Romane erschienen, die Gesamtauflage beträgt mehr als 500.000. Drei seiner Romane standen bisher auf der Spiegel-Bestsellerliste (*Die dunkle Villa*, *Tödliche Geliebte* und *Drei Tage im Mai*), und zwei weitere waren für den Friedrich-Glauser-Preis als bester deutschsprachiger Kriminalroman nominiert (2006: *Heidelberger Requiem* und 2013: *Die falsche Frau*). Sein Roman *Heidelberger Requiem* wurde inzwischen auch ins Englische übersetzt. Er ist Mitglied im Verband Deutscher Schriftsteller VS und im SYNDIKAT. *www.wolfgang-burger.de*

Angela Eßer wurde in Krefeld geboren und studierte Theaterwissenschaft in München. Sie ist Herausgeberin von Krimi-Anthologien, Initiatorin von Bloody Cover, veranstaltet Krimi-Kochkurse, organisiert Krimifestivals und war langjährige Sprecherin des SYNDIKATs, der Autorenvereinigung deutschsprachiger Kriminalliteratur. Ihre *Menüthek Krimi* wurde 2016 mit dem Kochbuchpreis Prix Culinaire ausgezeichnet. *www.angelaesser.de*

Monika Geier wurde 1970 in Ludwigshafen geboren. Nach dem Abitur machte sie eine Ausbildung zur Bauzeichnerin. Sie studierte Architektur an der Universität Kaiserslautern. Inzwischen ist sie Diplomingenieurin für Architektur, freie Künstlerin und Schriftstellerin. Monika Geier lebt in Kaiserslautern, wo sie die Sitten und Gewohnheiten der pfälzischen Stadt- und Landbevölkerung literarisch aufbereitet. Sie ist seit fast zwanzig Jahren Trägerin der goldenen Wandernadel von Bayrischzell. Darauf legt sie großen Wert. Für ihren ersten Roman *Wie könnt ihr schlafen* erhielt sie den renommierten deutschen Krimipreis Marlowe. Ihre Serienheldin ist die Kommissarin Bettina Boll. *www.geiers-mor.de*

Nach schulischen und beruflichen Irrwegen macht **Gina Greifenstein** seit zwanzig Jahren genau das, was sie glücklich macht: SCHREIBEN! Einige PIXI-Bücher stammen aus ihrer Feder, ebenso mehrere Bestseller-Kochbücher bei Gräfe und Unzer. Sie schreibt aber auch Krimis – egal, ob Kurzkrimis oder Romane. Gerade ist der vierte Teil ihrer erfolgreichen Pfalz-Krimi-Reihe mit der jungen Ermittlerin Paula Stern erschienen. In ihren Veranstaltungen verbindet sie ihre beiden Leidenschaften Kochen und Schreiben und serviert Kulinarisches zu ihren Krimis. Sie ist Mitglied bei den Mörderischen Schwestern und im SYNDIKAT. *www.gina-greifenstein.de*

Anne Grießer, geb. 1967 in Walldürn, studierte Bibliothekswesen (Dipl.), Ethnologie, Volkskunde und Germanistik (M. A.) in Stuttgart, Freiburg und Köln. Nach einigen Ausflügen ins seriöse Berufsleben geriet sie auf die schiefe Bahn. Seither schreibt sie über Mord und Totschlag. Als Autorin (Kurzgeschichte, Roman, Hörspiel, Theater), Herausgeberin und Krimi-Entertainerin schwingt sie in Freiburg die Feder und so manches blutige Theaterrequisit. Mehrere Nominierungen für den Agatha-Christie-Kurzkrimipreis und Gewinnerin des Afrika-Kurzgeschichten-Wettbewerbs des Ronald-Henss-Verlages. Initiatorin des Freiburger Krimipreises. Sie ist Mitglied bei den Mörderischen Schwestern und im SYNDIKAT. *www.anne-griesser.de*

Markus Guthmann wurde 1964 in Pirmasens geboren und lebt heute mit Familie und Hund an der Deutschen Weinstraße. Seit über dreißig Jahren schreibt er erfolgreich im Nebenberuf und hat vor einigen Jahren den Weg zur Kriminalliteratur gefunden. *www.weinstrassenkrimi.de*

Susanne Kliem wurde am Niederrhein geboren und lebt heute mit ihrer Familie in Berlin. Sie ist gelernte Buchhändlerin und arbeitete u. a. als Pressereferentin für Fernsehserien von ARD und ZDF sowie für das größte deutsche Theaterfestival Theater der Welt. Seit 2009 schreibt sie Kriminalromane und Kurzkrimis. Zuletzt erschien von ihr der Psychothriller *Das Scherbenhaus* (2017) und der Kriminalroman *Trügerische*

220

Nähe (2015), zu dem eine Verfilmung bereits in Vorbereitung ist.   *www.susannekliem.de*

Als **Kerstin Lange** 1966 im beschaulichen Oberbergischen Land das Licht der Welt erblickte, ahnte niemand, dass sie mal Krimis schreiben würde. Nach Stationen im Sauerland, am Niederrhein und in der Pfalz lebt sie heute in Düsseldorf. Mittlerweile wurden 9 Bücher und über 50 Kurzgeschichten – einige preisgekrönt – veröffentlicht. Die idyllische Domstadt Speyer liefert ihr den Rahmen für psychologische Krimis rund um den pensionierten Kriminaloberrat Ferdinand Weber, der in seiner Heimatstadt Verbrecher jagt und den örtlichen Kollegen immer eine Nase voraus ist. Sie ist Mitglied der Autorenvereinigungen SYNDI-KAT und des Bundesverbands junger Autoren BvjA. *www.kerstinlange.com*

Beate Maxian ist österreichische Autorin, Moderatorin und Journalistin mit bayerischen Wurzeln (geb. 1967 in München). Sie verbrachte ihre Kindheit in Bayern, Österreich, im arabischen Raum. Lebt heute in Oberösterreich und Wien. Veröffentlichte bisher mehrere Sachbücher, ein Kinderbuch für UNICEF, Romane, Kriminalromane und zahlreiche Kurzkrimis in diversen Anthologien und Zeitschriften. Ihre in Wien angesiedelten Krimis um die Journalistin Sarah Pauli haben eine treue Leserschaft erobert und sind Bestseller in Österreich. Sie erhielt das Stipendium des Literaturhauses Wiesbaden und wurde mehrmals für den Leo-

Perutz-Preis nominiert. Des Weiteren ist Beate Maxian die Initiatorin und Organisatorin des ersten österreichischen Krimifestivals: Krimi Literatur Festival.at *www.maxian.at*

Heidi Moor-Blank schreibt seit 2000 kriminelle Kurzgeschichten für Erwachsene und Detektivgeschichten für Kinder. Sie lebt in der Südpfalz, arbeitet dort bei einem Softwarehaus und spielt Theater bei der Kleinen Bühne Landau. Sie ist Mitglied bei den Mörderischen Schwestern, Preisträgerin des Mannheimer Literaturpreises 2010 und der Kreisvolkshochschule Südwestpfalz 2014. *www.heidi-moor-blank.de*

Wolfgang Ohler, 1943 in Zweibrücken geboren, promovierter Jurist und Richter im Ruhestand, zuletzt Vizepräsident des Pfälzischen Oberlandesgerichts; zahlreiche wissenschaftliche Veröffentlichungen, Romane, Erzählungen, Theaterstücke, Hörspiele, 2016 Pfalzpreis der Literatur.

Elke Pistor, Jahrgang 1967, studierte Pädagogik und Psychologie. Seit 2009 ist sie als Autorin, Publizistin und Medien-Dozentin tätig. 2014 wurde sie für ihre Arbeit mit dem Töwerland-Stipendium ausgezeichnet, 2015 für den Glauser-Preis in der Kategorie Kurzkrimi nominiert. Von 2014 bis 2016 war sie geschäftsführende Sprecherin des SYNDIKATs. Zuletzt erschienen das in mehrere Sprachen übersetzte heitere Katzenlexikon *111 Katzen, die man kennen muss* und der schwarz-

humorige Krimi *Makrönchen, Mord und Mandelduft.*
www.elkepistor.de

Harald Schneider wurde 1962 in Speyer geboren, wohnt in Schifferstadt und arbeitet als Betriebswirt in einem Medienkonzern. Seine Schriftstellerkarriere begann während des Studiums mit Kurzkrimis für die Regenbogenpresse. Der Vater von vier Kindern veröffentlichte mehrere Kinderbuchserien. Seit 2008 hat er in der Metropolregion Rhein-Neckar-Pfalz den skurrilen Kommissar Reiner Palzki etabliert, der neben seinem mittlerweile vierzehnten Fall *Parkverbot* in zahlreichen Ratekrimis in der Tageszeitung *Rheinpfalz* und verschiedenen Kundenmagazinen ermittelt. 2013 wurde mit den Kindern von Reiner Palzki mit *Die Palzki-Kids in großer Gefahr* eine eigene interaktive Kinderbuchreihe etabliert. Dritter Platz bei der Wahl »Lieblingsautor der Pfälzer« nach Sebastian Fitzek und Rafik Schami. *www.palzki.de*

Klaus Seehafer in Alsfeld/Hessen geboren, aufgewachsen in der Eifel und Bayern. Ausbildung zum Buchhändler, später Studium in Stuttgart (Dipl.-Bibliothekar). Bis 2005 Leiter der Stadtbibliothek und des Kommunalen Kinos in Diepholz/Niedersachsen, danach freier Schriftsteller in Bitterfeld. *www.klaus-seehafer.de*